Investigación de gramática

Patricia Vining Lunn
Michigan State University

Janet A. DeCesaris

Heinle & Heinle Publishers
A Division of Wadsworth, Inc.
Boston, Massachusetts 02116 USA

Publisher: Stanley J. Galek
Developmental Editor: Erika Skantz
Assistant Editor: Jeanne Theriault
Production Coordination: Hispanex
Production Supervisor: Patricia Jalbert
Manufacturing Coordinator: Lisa McLaughlin
Design and Composition: Hispanex
Cover Illustration: Abraham Ortelius's map of the Pacific Ocean, 1589; The Granger Collection
Text Illustrations: Catherine M. Fitzgerald

Heinle & Heinle Publishers is a division of Wadsworth, Inc.

Manufactured in the United States of America.

Library of Congress Cataloging-in-Publication Data

Lunn, Patricia V. (Patricia Vining), 1946-
          Investigación de gramática / Patricia Vining Lunn, Janet A.
    DeCesaris.
               p.   cm.
        Includes index.
        ISBN 0-8384-2348-5
        1. Spanish language—Grammar—1950-   I. DeCesaris, Janet Ann.
    II. Title.
    PC4112.L8   1992
    468.2'421—dc20   91-40998
                                                                   CIP

ISBN 0-8384-2348-5

10 9 8 7 6 5 4 3

Table of Contents

◇◈◇◈◇◈◇◈◇◈ *To the Student* ◇◈◇◈◇◈◇◈◇◈

The goal of *Investigación de gramática* is to explain some of the basic grammatical structures of Spanish. This is a straightforward goal, but it has some important implications for you.

To *explain* grammar means to set forth the linguistic logic that allows native speakers to use their language. As linguists, we are not satisfied with the *así se dice* approach to grammar; we want to explain why speakers of Spanish say what they do.

Good observers make the best language learners. Children are eager and active observers, but adults tend to observe only what they can understand. So, adults overlook many details when learning a language. The study of grammar prepares adult learners to perceive the details of Spanish usage, which, in turn, allows them to make progress in learning the language.

Investigación de gramática reproduces the investigative process. This means that you must do more than just read the book. You should read actively, assess the examples, and do the exercises that accompany the text. By doing this, you will not only come to understand the arguments, you will learn how to analyze Spanish on your own.

By including only *some* of the structures of Spanish, we have deliberately excluded others. *Investigación de gramática* is not a reference grammar; it is an introductory linguistic analysis of those points of Spanish grammar that non-native speakers find hard to use and native speakers find hard to explain.

The book has a logical structure: the verb, the nucleus of the sentence, is studied in Chapters 1-4. Then, nouns and pronouns, the entities that participate in verbal situations, are studied in Chapters 5 and 6. Finally, modification of nouns and verbs is studied in Chapters 7-10. Linguistic terminology is defined as it is introduced, and key terms are listed in the **Glosario** located at the end of the book.

In addition to the grammar exposition, the book contains seven short stories. Many of the examples in the text come from these stories, which means that you have access to the context in which the examples appear. Each chapter ends with a guided reading exercise which asks you to observe certain grammatical details of the stories.

Because we know that students need to be exposed to as much Spanish as possible, we have written *Investigación de gramática* entirely in Spanish. We hope this book will satisfy your curiosity about some aspects of Spanish grammar and whet your appetite for further investigation of others.

P.V.L.
J.A.D.

Acknowledgements

At Heinle & Heinle, we are grateful to Kris Swanson for seeing the merit in this project, to Marisa French for patiently seeing it through almost to completion, and to Erika Skantz for supervising the last stages of production. José Blanco, Pedro Urbina-Martin and Bob Hemmer of Hispanex efficiently and diplomatically turned our manuscript into a book. We received invaluable advice and direction from the following reviewers: David Alley, *Georgia Southern University;* Alex Binkowski, *University of Illinois;* John Chaston, *University of New Hampshire;* Ronald Freeman, *California State University at Fresno;* Elaine Fuller Carter, *St. Cloud State University;* Theodore V. Higgs, *San Diego State University;* John Kelly, *North Carolina State University;* Angela Labarca, *Georgia Institute of Technology;* Alan Meredith, *Brigham Young University;* Donna Reseigh Long, *New Mexico State University;* Terrell Morgan, *The Ohio State University;* and Jorge Suazo, *The Ohio State University.* If this book proves useful to the many students and colleagues we have consulted, our debt to them will be partially paid. And, first and last, we are grateful to our parents, who taught us to love books.

Capítulo preliminar

❖❖❖❖❖❖ *Para empezar* ❖❖❖❖❖❖

(La terminología lingüística aparece destacada en cursiva y negritas cuando aparece en el texto por primera vez. Muchas de estas palabras también aparecen en un glosario al final del libro.)

Este libro no es una gramática prescriptiva, sino una gramática lingüística. Con esta denominación, queremos señalar que el libro no pretende aconsejar a los hablantes del español sobre el uso correcto de su lengua. Más bien, *Investigación de gramática* aspira a otra meta, la de revelar la lógica lingüística que permite a los hablantes nativos manipular las posibilidades comunicativas de su lengua.

Se supone que el lector del libro está aprendiendo el español, y que a pesar de varios años de estudio necesita de un conocimiento de cómo funciona la gramática. En general, se aprende una lengua por medio de la observación. Si Ud. tuviera acceso a un sinfín de ejemplos del uso del español (lo que los lingüistas llaman ***input***), podría —con el tiempo— deducir cómo funciona la lengua. Esto es exactamente lo que hacen los niños. Pero el aprender una lengua de niño tiene varias ventajas. Primero, los niños están rodeados de input, mientras los estudiantes tienen un contacto limitado con la lengua. Y, el aprendizaje de una lengua es un proceso automático en el niño, mientras que en el adulto es más intelectual y menos espontáneo. Por consiguiente, es necesario que el estudiante aprenda a sacar el máximo rendimiento del input al que tiene acceso.

Cuando los seres humanos tenemos que aprender a hacer algo complicado —hablar una lengua, por ejemplo— utilizamos nuestra aptitud para hacer generalizaciones. Es decir, tratamos de reducir una gran cantidad de información a unas pocas afirmaciones descriptivas. En este libro, se enseña al estudiante a hacer generalizaciones sobre la gramática del español, o sea a hacer afirmaciones descriptivas que valen para muchos datos lingüísticos. Al aprender cómo funcionan estas generalizaciones, el estudiante se estará preparando para resolver sus dudas, presentes y futuras, sobre ciertos aspectos del español.

Se suele pensar que un texto gramatical contiene reglas gramaticales, pero hay una diferencia importante entre lo que es una generalización sobre la gramática y lo que es una regla gramatical. Por ejemplo, hay una regla en inglés según la cual *there is* aparece delante de sustantivos en singular y *there are* delante de sustantivos en plural: *there is one* vs. *there are two*. Sin embargo, se oyen con frecuencia frases como *There's ants in the kitchen* o

Take one—there's lots. La generalización lingüística dice que se elige la forma singular del verbo porque no hay un sustantivo anterior que rija el número del verbo. La regla (no se debe decir *there's lots*) no explica por qué el hablante puede hablar de esta manera; la generalización sí lo explica.

El discurso

El lenguaje se usa siempre en un contexto, y este contexto se llama en lingüística *el discurso*. Los hablantes y los oyentes (o escritores y lectores) que participan en el discurso hacen mucho más que simplemente emitir y recibir mensajes. En realidad, el participar en el discurso implica un análisis progresivo de lo que saben o no saben los participantes, de lo que quieren o no quieren decir, y un continuo reajuste de los medios comunicativos. La conversación que sigue es un ejemplo típico de este reajuste.

TONI: ¿Lo has escuchado?

MARI: ¿Escuchado qué?

TONI: El cassette que te dejé.

MARI: Ah, no, no me ha dado tiempo. ¿Te lo devuelvo?

TONI: No, no te preocupes. Quédatelo. Sólo quería saber si te había gustado.

Aquí, Toni piensa incorrectamente que Mari sabrá lo que representa *lo*. Al darse cuenta de que no lo sabe, tiene que hacer una clarificación. Entonces, Mari se imagina que Toni quiere que le devuelva el cassette, y Toni tiene que explicar que ésa no fue su intención. Muchos de los puntos comentados en este texto aparecen ejemplificados en el discurso para que se entiendan claramente los factores que producen la elección gramatical.

Evidentemente, Toni y Mari tienen que hacer algo más que emitir frases correctas. De hecho, su comportamiento lingüístico depende de lo que saben sobre las intenciones comunicativas de su interlocutor. En los siguientes capítulos, se verá que las decisiones gramaticales que se toman dependen en muchos casos del contexto global del discurso.

Una distinción básica en el análisis del discurso es el contraste entre *información conocida* e *información nueva*. La información conocida es la que ya forma parte del discurso, ya sea porque se ha introducido en un contexto dado o porque se supone que todo el mundo la sabe. En el siguiente diálogo, se puede observar que cuando el hablante supone incorrectamente que cierta información es conocida, esto produce un malentendido.

MARTINA: Qué bien que no tengamos clase el viernes, ¿no?

ANGELES: ¡Qué dices! ¿No hay clase?

MARTINA: Es verdad, no estuviste el lunes.

ANGELES: ¿Qué pasó el lunes?

MARTINA: Pues, nos dijo el profe que no iba a haber clase.

ANGELES: Gracias por habérmelo dicho.

Angeles no puede reaccionar a un hecho que desconoce, y por lo tanto Martina tiene que explicárselo. Más adelante, veremos que en algunos casos hay que saber distinguir entre información conocida e información nueva para poder analizar la gramática.

Los verbos y los sustantivos

La relación entre estas dos unidades —verbos y sustantivos— forma la estructura básica de la frase en español. Por lo tanto, el primer paso en cualquier investigación de la gramática debe ser una definición de estos términos. Como este texto se interesa primordialmente por la relación entre la forma de la gramática y su significado, las siguientes definiciones son ***semánticas***.

En el colegio el ***sustantivo*** se define como una palabra que nombra una persona, un objeto o un lugar. De hecho, esta definición un tanto ingenua sirve muy bien si le agregamos unos detalles más. Las personas, los objetos y los lugares no son los únicos sustantivos, pero sí son sustantivos ***prototípicos***, o sea que son miembros centrales de la categoría sustantivo. Lo que tienen en común estos sustantivos prototípicos es su naturaleza concreta y duradera: las personas, los objetos y los lugares son entidades físicas que cambian muy poco con el tiempo. Es decir, se caracterizan por su estabilidad en el tiempo y el espacio.

De esta manera, el sustantivo puede compararse con el ***verbo***, el cual se caracteriza precisamente por una falta de estabilidad temporal y espacial. El verbo da nombre no a entidades, sino a situaciones. Las situaciones son variables por naturaleza, y las situaciones más variables son las acciones. Por eso, las acciones se consideran los verbos prototípicos.

Para comprender el contraste entre verbos y sustantivos, es útil pensar en un ejemplo. Tomemos la frase sencilla *El atleta salta.* Aquí, el sustantivo *atleta* nombra una entidad que tiene materialmente las mismas características antes y después del salto. En contraste, la esencia de la acción que lleva el nombre *salta* es el cambio. El salto se define como una serie de fases distintas: primero se está en contacto con la tierra, luego se eleva hasta un punto máximo y después se baja. Para que haya un salto, tiene que haber cambio.

Aunque el enfoque de este libro es semántico, se mencionan necesariamente otros aspectos del lenguaje: ***la morfología***, o los elementos que constituyen las palabras; ***la sintaxis***, o las relaciones entre las palabras en la oración; y ***el léxico***, o el conjunto del vocabulario de la lengua.

La organización del libro

La primera sección del libro investiga el verbo español y la expresión de su variabilidad inherente. La segunda sección investiga los sustantivos y su participación en las situaciones verbales. En la tercera sección, se investiga la ***modificación***, o sea las varias maneras en las que se puede agregar información a lo que se sabe sobre una entidad o una situación. En la última sección del libro, hay siete cuentos literarios que sirven para ejemplificar lo expuesto anteriormente y para mostrar lo que se puede crear a base de la materia prima de la gramática.

Capítulo 1

El verbo:
el tiempo y
el aspecto

Para empezar

El verbo es el foco de nuestro interés en estos primeros capítulos, porque es la palabra clave de la frase. Lleva muchísima información. Como toda palabra, tiene un significado básico, su **significado léxico**. En el caso del verbo, el significado léxico se refiere a una situación, un tipo de acción o estado. En el caso de los verbos conjugados, el significado del verbo es una síntesis del significado léxico y de la información comunicada por la **desinencia**, o terminación.

La desinencia lleva información sobre una entidad relacionada con el verbo, porque la forma del verbo conjugado tiene que concordar en *persona* (primera, segunda, o tercera) y *número* (singular o plural) con su sujeto. Las entidades relacionadas con el verbo son el tema del Capítulo 5. También hay otra información llevada por la desinencia verbal: *tiempo*, *aspecto* y *modo*. El modo se trata en el Capítulo 4; aquí hablaremos sobre el tiempo y el aspecto.

La desinencia verbal permite establecer una situación verbal en un marco al que todos tenemos el mismo acceso: el tiempo. Al hablar del *tiempo* en términos lingüísticos, nos referimos a *la categoría gramatical que localiza una situación verbal en el tiempo con respecto al hablante*. Si vemos lo siguiente en un escaparate

sabemos por la desinencia del verbo *abrirán* que se trata de algo futuro, hablando en términos gramaticales. Pero también sabemos que si hoy es el día 15, el día 14 ha dejado de clasificarse como futuro. Es decir que siempre se interpreta el tiempo gramatical de acuerdo con el contexto del hablante.

En español se emplea el mismo término para hacer referencia tanto a la categoría gramatical como al tiempo histórico. El tiempo histórico no proporciona ningún sistema de división objetivo que nos permita localizar las situaciones. No sabemos ni cuándo empieza el tiempo ni cuándo acaba, y por lo tanto no podemos relacionar una situación ni con el comienzo del tiempo ni con su final. Como consecuencia, se han elegido puntos de referencia que son culturalmente significativos. La cultura occidental cristiana establece el nacimiento de Jesucristo como su punto de referencia, pero otras culturas establecen otros puntos —sólo hay que pensar en los romanos, que escogieron el año en que se fundó Roma, o en el calendario musulmán, que se basa en la vida del Profeta, para darse cuenta de que los puntos de referencia históricos se rigen por criterios socio-culturales.

A diferencia del tiempo histórico, la categoría gramatical de tiempo no se basa en un punto definido por acuerdo cultural, sino que se basa en el momento actual del hablante, tal como es definido por el mismo hablante. Es decir, el hablante distingue lo que ha pasado antes de lo que está pasando ahora y de lo que va a pasar a partir de ahora, de acuerdo con su propia definición del presente.

Este tipo de sistema de referencia, en que todo se define con respecto al hablante, se llama un *sistema deíctico*. El concepto de la deixis sirve para explicar varias estructuras gramaticales en español. En primer lugar, el tiempo es un sistema deíctico porque el hablante relaciona todas las situaciones verbales con el momento actual del hablante. Segundo, el sistema de identificar a los participantes en el discurso, que se llama *persona*, es deíctico porque depende de quién habla. El hablante, sea quien sea, es la primera persona. Los conceptos de segunda persona (el oyente) y tercera persona (todas las demás entidades que no sean ni primera ni segunda persona) sólo tienen sentido si hay una primera persona. El sistema de referencia espacial también es deíctico. Fíjese que expresiones como *aquí/allí/allá* o *éste/ése/aquél* sólo funcionan en base al punto de referencia del hablante. Lo que está 'aquí' para un hablante estará 'allí' para otro.

Al usar un sistema deíctico para establecer una situación verbal en el tiempo, el hablante divide el tiempo en tres clases: lo que relaciona con ahora *(el presente)*, lo que relaciona con un período anterior al presente *(el pasado)*, y lo que relaciona con un período posterior al presente *(el futuro)*.

Análisis

El tiempo y las formas simples del verbo

Primero, investigaremos dos formas simples que parecen distinguirse en términos puramente temporales: el presente y el futuro. Veremos, sin embargo, que las diferencias temporales implican otros contrastes que van más allá del tiempo.

Es útil imaginar que el tiempo es como una línea:

Ahora

←————————————————————•————————————————————→

El punto de referencia
del hablante

Aunque el presente aparece como un punto en esta línea, en español el tiempo presente es en realidad un concepto flexible. Nuestro conocimiento del mundo nos dice que el período de tiempo que consideramos como presente difiere según el tipo de situación verbal:

> **Leo** esto para mi clase de español.
> Elena **traduce** del castellano al inglés para una editorial.
> Nuestro planeta **es** más o menos redondo.

El período ocupado por *leo* es más breve que el ocupado por *traduce*. Y el período ocupado por *es* abarca un espacio temporal muy amplio que se considera presente sólo porque incluye el momento actual.

Ejercicio 1 ══

Lea el diálogo siguiente y determine cuál es la interpretación del presente de los verbos en negritas.

ANTONIO: ¿Cómo te **va** en esa clase rara que **tienes** los martes?

CECILIA: ¿**Quieres** decir la que **trata** de la relación entre la ciencia y el arte?

ANTONIO: Sí. ¿Me la **recomiendas** para el semestre que viene?

CECILIA: Pues, sí. La verdad **es** que me **gusta**. Nuestro profesor nos **dice** que la información científica **influye** cada vez más en los artistas. **Es** un enamorado de la computadora, y nos **enseña** obras maravillosas creadas con la ayuda de esos aparatos.

Por el carácter indefinido del presente, puede ser difícil señalar dónde termina el presente y dónde empieza el futuro. El lenguaje que utilizamos refleja esta realidad; el uso del presente para hablar de futuros acontecimientos, sobre todo los que podemos programar, es sumamente frecuente:

AGUSTIN: ¿Sabes que me **marcho** a Guatemala en julio? (dicho en mayo)

PAQUITA: No. ¡Qué suerte!

AGUSTIN: **Voy** por medio de un programa de intercambio para ingenieros agrícolas.

PAQUITA: ¿**Vas** solo, o con un grupo?

AGUSTIN: En principio, somos cuatro, pero a lo mejor habrá más.

A raíz de la falta de una línea divisoria concreta entre el presente y el futuro, no es difícil entender cómo el verbo *ir*, que señala movimiento que va más allá del hablante, ha venido a convertirse en una marca del futuro. En inglés también (y en muchas otras lenguas) una forma del verbo *to go* se utiliza para hacer referencia al tiempo futuro, sobre todo cuando se trata de un futuro cercano o de un futuro vinculado a hechos actuales. Fíjese en la siguiente descripción:

> Este fin de semana me voy a quedar en casa y voy a estudiar. Pensaba ir a la playa, pero nos han puesto un examen de historia y lo llevo muy mal. Voy a encerrarme en mi habitación, y sólo voy a salir para comer.

El hecho de que el *futuro compuesto* o *analítico*, *ir* + *a* + infinitivo, se emplee con tanta frecuencia para hablar del futuro ha permitido que el *futuro simple* o *sintético* adquiera otras funciones, además de la de referirse a acciones que todavía no han tenido lugar. Ante cualquier situación futura, hay una cierta falta de seguridad. A veces, esta duda es mínima, por ejemplo cuando decimos:

Mañana el sol se **pondrá** a las 6:24 de la tarde.

El examen final **será** el 19 de diciembre.

Sin embargo, hasta que no se produzcan estas situaciones, no podemos clasificarlas como reales. La inevitable irrealidad del futuro requiere que la forma del futuro simple se utilice para hacer predicciones. Lea el diálogo siguiente y fíjese en los usos del *futuro de probabilidad*.

SUSI: ¿Cuándo va a llegar Carmen?

IRIS: Ya ha llegado. **Estará** en la cocina, comiendo algo, porque dijo que tenía hambre. Oye, ¿no has visto unas llaves por aquí? No sé dónde las he dejado.

SUSI: No, no las he visto. **Estarán** debajo de algo. Después de entrar, ¿adónde fuiste primero?

IRIS: A mi habitación.

SUSI: Entonces las **encontrarás** allí. No te preocupes, si las tenías para abrir la puerta no pueden haberse perdido.

Cuando Iris le dice a Susi que Carmen *estará en la cocina*, lo dice porque supone que ella está allí en ese momento. En el mismo contexto, también sería posible utilizar el presente con una expresión adverbial de probabilidad. Así, *estará en la cocina* podría sustituirse por *a lo mejor está en la cocina, probablemente está en la cocina*, etc. De la misma manera, cuando Susi le dice a Iris que sus llaves *estarán* debajo de algo, no quiere decir que en el futuro vayan a estar debajo de algo, sino que probablemente están allí. Al final, cuando Susi dice que Iris *encontrará* las llaves, está expresando la probabilidad de que pase esto.

El futuro simple, entonces, no solamente se utiliza para hablar de situaciones futuras, sino también para expresar la probabilidad.

Por esto, para los pronósticos meteorológicos, sobre los cuales existe un cierto grado de duda, se suele utilizar el futuro simple.

El Tiempo

Hoy la nubosidad será abundante en el norte y se producirán chubascos o tormentas. El tiempo será estable y soleado con temperaturas frescas de noche y suaves de día en la mitad sur del país. Las temperaturas estarán en ligero descenso en la costa.

Ejercicio 2

¿Bajo qué circunstancias respondería uno a la pregunta *¿Qué hora es?* con el futuro simple: ***Serán las doce***? Sugiera un contexto.

A diferencia del futuro simple, la fórmula *ir + a +* infinitivo expresa la relativa certeza de que una situación futura se realizará. Se espera, por ejemplo, que las situaciones que ya han comenzado en el presente se finalicen en el futuro. Cuando se dice

Si quieres conocer a Marcos, lo **voy a invitar** a la fiesta.

lo que se comunica por medio del futuro compuesto es que el hablante ha tomado la decisión de invitar a Marcos, y que Marcos figura ya en la lista de invitados. Si el oyente quiere conocerlo, lo puede hacer en la fiesta. En contraste, cuando se dice

Si quieres conocer a Marcos, lo **invitaré** a la fiesta.

el hablante no sabe todavía si va a invitar a Marcos. La invitación depende de la voluntad del oyente. El futuro simple se usa aquí porque la futura invitación depende de otro factor, sobre el cual el hablante no tiene control.

La idea de que una situación futura puede ser condicionada permite relacionar el futuro simple con otra forma gramatical con la que tiene mucho en común: el ***condicional***. El condicional sirve, en primer lugar, para expresar la futuridad en un contexto pasado. También expresa probabilidad en el pasado, al igual que el futuro expresa probabilidad en el presente.

PALOMA: Hoy ha llamado Javier para decir que llegará a las diez.

BERTIN: ¿Cuándo te dijo eso?

PALOMA: Después de comer...**serían** las tres.

BERTIN: Ah, porque me llamó a la oficina por la mañana diciendo que **llegaría** a las seis. **Habría** cambiado de idea.

PALOMA: Bueno, ya conoces a Javier. Llegará cuando llegue.

El condicional lleva su nombre por su frecuente uso en frases que explícitamente expresan una condición. Esta condición *contraria a los hechos* impide la realización de la situación verbal.

Si pudiera prestarte el dinero, lo **haría**. (pero no puedo)

El condicional se refiere, en frases de este tipo, a situaciones que según el hablante no se van a realizar. Como resultado, hay una relación entre el condicional y la negación que hace que el condicional conlleve una menor probabilidad que el futuro. En algunos contextos, la diferencia entre el futuro y el condicional no es temporal, sino que comunica el menor grado de firmeza con el que se hace una declaración con el condicional.

Si puedo prestarte dinero, lo **haré**. (el préstamo es posible)

No hace falta, sin embargo, que la condición que provoca el uso del condicional se exprese abiertamente para que se entienda. Si a la pregunta *¿Vienes mañana?* se responde *Vendría, pero...*, se sabe que el hablante no viene.

Ejercicio 3

Sugiera otras maneras de completar estas frases. Fíjese que el hablante A va a cobrar cuando su interlocutor le responde con *cobrarás*, pero no cuando se le responde con *cobrarías*.

A: ¿Cuándo me van a pagar?

B: Cobrarás, pero primero tienes que rellenar este formulario.

Cobrarás, pero ...

B: Cobrarías, pero la compañía está en bancarrota.

Cobrarías, pero ...

Ejercicio 4

Al agregar *no* a los siguientes párrafos, tendrá que cambiar el futuro por el condicional. Complete la versión negativa y observe la relación existente entre el condicional y la negación.

1. Tomás y Elena van a San Juan para visitar a sus abuelos y los voy a acompañar. Son muy divertidos y seguro que me lo **pasaré** bien con ellos. Además, **será** interesante visitar la capital con personas que la conocen bien.

   Tomás y Elena van a San Juan para visitar a sus abuelos pero **no** los voy a acompañar. ...

2. Les sugiero que compren ese café. Es mucho más barato, pero no se pueden imaginar el café que les **saldrá** de ese paquete. **Estarán** sorprendidos.

Les sugiero que **no** compren ese café. ...

El aspecto y las formas perfectas del verbo

El tiempo que se asigna a una situación verbal relaciona la situación con el punto de referencia del hablante. Todas las formas verbales que manifiestan tiempo manifiestan también persona. El que aparezcan juntos los marcadores de tiempo y persona no es fortuito, porque las dos categorías son deícticas. No todas las formas verbales, sin embargo, expresan tiempo y persona; el español cuenta con tres formas impersonales del verbo: el infinitivo *(cantar)*, el gerundio *(cantando)* y el participio *(cantado)*. Ninguna de estas tres formas lleva desinencias que expresen persona o tiempo.

El infinitivo es el nombre de la situación verbal. Por su función de nombrar, el infinitivo pasa fácilmente del sistema verbal al sistema nominal, donde manifiesta las características gramaticales de los nombres: género (masculino) y número (o singular o plural, según el contexto).

Se oye **el ladrar** de los perros. *(Rulfo)*

Todos **los seres** humanos necesitan el amor.

El infinitivo, como sustantivo, puede ser modificado por artículos y adjetivos, tal como aparece en los ejemplos anteriores. Pero también puede aparecer sin modificadores.

Se lo ganó a fuerza de **trabajar** y **aguantar**.

Ejercicio 5

En inglés, la forma verbal utilizada como sustantivo puede ser el gerundio. Se dice, por ejemplo, *the barking of the dogs*, cuando en español se dice *el ladrar de los perros*. Traduzca las siguientes frases al español, empleando un infinitivo nominal en lugar del gerundio nominal.

1. **Driving** on snow really scares me.
2. Years ago, **eating** in a restaurant was a special treat.
3. You have to heat it before **serving**.
4. **Being** in the right place is essential.

5. **Having** children makes you grow up.
6. After he stopped **talking**, I asked him.
7. The hardest part is **writing** the first paragraph.

El gerundio y el participio se interpretan a partir del *aspecto*. *El aspecto clasifica una situación verbal según su desarrollo interno.* A diferencia del tiempo, el aspecto no se relaciona con ningún momento en el tiempo, sino que se relaciona con ciertas fases en el desarrollo de la situación verbal. Las dos facetas del aspecto que tienen efectos gramaticales en el sistema verbal del español son la *perfectividad* y la *progresividad*. La progresividad se comentará en el próximo apartado. En cuanto a la perfectividad, una situación verbal se considera perfectiva si tiene un punto final identificable. *El participio expresa el aspecto perfectivo,* y así siempre se refiere a situaciones que tienen un punto final.

Todas las llamadas conjugaciones perfectas constan de una forma del verbo *haber* más el participio. El tiempo es expresado por *haber* y el aspecto perfectivo por el participio. Se puede apreciar claramente que el tiempo y el aspecto son categorías independientes, porque los tres tiempos —pasado, presente y futuro— pueden combinarse con el participio para formar los tiempos perfectos.

El cuadro de la conjugación completa del verbo español pone en evidencia un hecho significativo: hay más formas relacionadas con el pasado que con el presente o futuro. Esto se debe a la realidad del pasado; se puede saber más sobre una situación pasada que sobre una situación no realizada.

Una forma de describir las situaciones verbales pasadas es clasificándolas según la distancia temporal entre el punto de referencia del hablante y la situación. Esto se puede representar así:

		Ahora
Pasado lejano	Pasado reciente	Punto de referencia del hablante

En español se emplea una combinación del participio con el tiempo presente de haber *para describir situaciones acabadas que mantienen algún vínculo con el presente.* A veces, este vínculo es la reciente perfectividad de la situación verbal. Es corriente en el español europeo emplear el presente perfecto para señalar un pasado reciente. Este uso puede verse en los cuentos escritos por autores peninsulares.

No conocía este barrio y me **he perdido**. *(Puértolas)*

Lo **han dicho** en la radio. *(Millás)*

Hay otra clase de situación verbal que se clasifica como ***presente perfecto***: una acción o estado anterior que todavía tiene validez hoy en día. En muchas narraciones de tipo objetivo, como las científicas, se habla de una situación que comenzó en un momento anterior y que sigue hasta el momento actual:

> Los murciélagos son animales cuya mayor fuente de divulgación **ha sido**, durante las últimas décadas, la literatura fantástica y el cine de terror. Desde hace generaciones, se les **han asociado** supersticiones y maldiciones, probablemente porque son activos durante la noche. Estas circunstancias les **han envuelto** en un ambiente de misterio.

Podemos representar el contexto temporal de esta descripción así:

El punto de referencia
del hablante

A veces, desde el punto de vista del hablante, el hecho de que una situación siga siendo relevante hace que ésta se clasifique como presente perfecto, aunque puede haber ocurrido hace mucho tiempo:

> El terremoto más destructivo **ha sido** en el '62. Lo recuerdo como si fuera ayer.

Observe que esta forma se puede emplear con un adverbio temporal específico, a diferencia del empleo de la forma paralela inglesa. En inglés, no se diría **The most destructive earthquake has been in '62*.

***Cuando el hablante necesita comunicar que una situación pasada es previa a otra se vale de una combinación del tiempo pasado de* haber *con el participio*.**

> Llegamos al aeropuerto y no sabíamos qué hacer. Claro, nuestros amigos nos **habían dado** su dirección y teléfono, pero no teníamos ni idea si estábamos cerca o lejos de allí. La semana antes **habíamos hablado** con Enrique, pero ya sabes que es un poco despistado. Así que cuando lo llama-

mos desde el aeropuerto, se puso su madre y parece que a Enrique se le **había olvidado** que veníamos, porque se **había marchado** a la montaña por tres días.

Nos dieron su dirección | Enrique se fue | Llamamos a su madre | Ahora: El punto de referencia del hablante

Hablamos con Enrique | Llegamos al aeropuerto

Las formas verbales señaladas arriba pertenecen a la conjugación del *pluscuamperfecto*, que significa *más pasado que otro pasado*.

Ejercicio 6

Lea el siguiente pasaje tomado del cuento *La enemiga* y determine cuándo se fue de vacaciones el vecino, con respecto a las vacaciones del narrador:

> Aquel mismo día comenzaban nuestras vacaciones y mi hermana Esther y yo teníamos planeados un montón de cosas para hacer en el verano... Nuestro vecinito de enfrente se **había ido** ya con su familia a pasar las vacaciones en la playa y esto me dejaba a Esther para mí solo durante todo el verano.

También existen los tiempos perfectos correspondientes al futuro y al condicional. La combinación del tiempo futuro con el participio perfectivo expresa o una probabilidad (debido al elemento futuro) pasada (debido al elemento perfectivo), o sencillamente una situación futura previa a otra. Se decide si se ha comunicado un mensaje u otro de acuerdo con el contexto.

> Nunca vi a Pablo estudiar, pero **habrá estudiado** mucho porque ha aprobado el examen de fin de año. (futuro perfecto de probabilidad)

> Pablo ha puesto manos a la obra, y para el lunes **habrá estudiado** mucho. (futuro perfecto previo a otro momento futuro)

Desde luego, el carácter desconocido del futuro hace que cualquier verbo de estos exprese un matiz de incertidumbre.

Ejercicio 7

Complete las frases utilizando el futuro perfecto para describir lo que se habrá hecho antes de que Ud. se gradúe.

Cuando yo acabe la carrera universitaria,

1. mis padres...
2. mis hermanos...
3. mi mejor amigo...

4. (yo)...
5. los Estados Unidos...
6. el mundo...

La forma compuesta del condicional combina las características semánticas de cada una de sus partes constituyentes: al ser un perfecto, tiene que referirse a un punto final, y al ser un condicional, tiene que referirse a una situación que nunca llegó a realizarse.

SERGIO: ¿Por qué has comprado un carro tan grande? Yo **habría comprado** uno pequeño y nuevo en vez de ése grande de segunda mano.

FELIPE: Mira, por una parte siempre me han gustado los carros grandes. Voy más seguro, ¿sabes? Además, si hubiera comprado uno nuevo, **habría tenido** que pagar bastante más de seguro.

SERGIO: ¿El seguro de un carro nuevo pero pequeño te **habría costado** mucho más?

FELIPE: El agente me dijo que me costaría por lo menos el doble, porque las reparaciones de los coches nuevos son mucho más caras. Mira, me **habría hecho** ilusión estrenar un carro nuevo, pero...

Fíjese en los verbos en negritas. En cada situación se refieren a una situación que no ocurrió. A veces esta implicación se expresa claramente, y a veces sólo se entiende por el contexto. Por ejemplo, en el diálogo anterior, Sergio y Felipe podrían haber dicho:

Si lo hubiera comprado yo, habría comprado un carro nuevo.

Si hubiera tenido más dinero, me habría hecho ilusión estrenar un carro nuevo.

Ejercicio 8

Complete estas frases con un verbo conjugado en el condicional o el condicional perfecto.

1. Si no hubiera asistido a esta universidad, (yo)...
2. Si tuviera un millón de dólares, ...
3. Si hubiera elecciones mañana, ...
4. Si pudiera viajar a cualquier sitio, ...
5. Si lo hubiera pensado dos veces, ...
6. Si no hubiera pasado lo que pasó, ...
7. Si volviera a tener 15 años, ...

La estructura de los verbos conjugados en español no permite la expresión del aspecto sin la expresión del tiempo, pero sí se puede ver esta independencia en otros contextos. Los participios pueden emplearse como adjetivos para modificar un sustantivo.

Abrumado por tantos consejos, no podía concentrarse. *(Puértolas)*

Separados por aquel muro, estaban todos los demás hombres. *(Puértolas)*

En estas frases, *abrumado* y *separados* se refieren a los resultados de situaciones que ya han tenido lugar. Estas situaciones modifican las entidades *yo* y *los demás hombres* de forma gramatical y también literal.

El aspecto y las formas progresivas del verbo

Una situación verbal es considerada como progresiva si se encuentra en su transcurso —entre la fase inicial y la final. El gerundio expresa el aspecto progresivo, y como consecuencia se refiere a situaciones que transcurren a lo largo de un período de tiempo.

Todas las conjugaciones progresivas constan del verbo *estar* (o *ir*, *venir* o cualquier otro verbo de movimiento), y el gerundio. *Estar* sirve para situar el gerundio en el tiempo, al igual que sitúa las entidades en el espacio (véase el Capítulo 3 sobre *estar*). Una situación progresiva puede situarse dentro de los tres marcos temporales.

Pasado: Te **estaba llamando** a ti. *(Millás)*

Presente: **Estoy intentando** arreglar el grifo porque gotea.

Futuro: A partir del mes que viene, **estaré visitando** todas las instalaciones de la compañía.

Las conjugaciones progresivas se limitan a comunicar información sobre el transcurso de la situación verbal. En este sentido, se pueden distinguir de los tiempos simples, porque el enfoque de estas conjugaciones es menos limitado. En el siguiente diálogo, por ejemplo, Lola y Juan emplean muchos progresivos, porque se refieren específicamente a lo que está pasando mientras hablan.

LOLA: ¡Mira ese carro! Ese tonto **está manejando** muy rápido.

JUAN: No grites, mujer. Me **estás poniendo** nervioso.

LOLA: Creo que deberías estar un poco nervioso. **Está nevando** mucho.

JUAN: ¿Y de qué sirve que yo esté nervioso?

LOLA: Bueno, quería decir atento... La carretera se **está poniendo** cada vez más resbaladiza.

JUAN: ¿Quieres manejar tú? Me **estoy cansando** de que me critiques.

Ejercicio 9

Comente la diferencia entre estas frases. Será necesario inventar un contexto adecuado para cada frase. No se olvide de que las formas progresivas se refieren única y exclusivamente al transcurso de una situación verbal.

1. Es todo un caballero. / Está siendo todo un caballero.
2. Luisa tocaba el piano. / Luisa estaba tocando el piano.
3. Haré el trabajo. / Estaré haciendo el trabajo.
4. Ese tonto maneja muy rápido. / Ese tonto está manejando muy rápido.

5. Me pones nervioso. / Me estás poniendo nervioso.
6. Nieva mucho. / Está nevando mucho.

Más práctica

Ejercicio 10:   Explíquele a un compañero de clase cuáles son sus planes para el fin de semana que se aproxima. Utilice la construcción *ir + a + infinitivo*.

Ejercicio 11:   Describa a un compañero de clase cómo será su vida cuando Ud. tenga 40 años. Emplee el futuro simple.

Ejercicio 12:   Entreviste a un compañero de clase. Hágale las siguientes preguntas. ¿Qué cosa siempre ha querido hacer, pero no ha hecho nunca? ¿Por qué le ha interesado tanto esta actividad? ¿Por qué no ha podido llevar a cabo sus intenciones?

Ejercicio 13:   El contraste señalado en este capítulo entre las dos formas del futuro no se realiza completamente en todos los dialectos del español. En los dialectos americanos, se usa mucho más *ir + a + infinitivo* que en España, aunque la distinción semántica entre el futuro contingente y el futuro previsible se suele mantener en los casos claros. Pregúntele a dos hispanohablantes qué forma del futuro prefieren en las siguientes frases. Compare sus datos con los de sus compañeros. No deje de anotar el país de origen de sus informantes.

1. Después de examinar a la Sra. González, el médico le dice —Ud. **tendrá** / **va a tener** un hijo.
2. Me voy de casa para ir a trabajar. Le digo a mi compañero —Si necesitamos comida, llámame y **pasaré** / **voy a pasar** por el mercado después de trabajar.
3. Una gitana puede ver mi futuro en una bola de cristal. Me dice —**Serás** / **vas a ser** muy feliz.
4. Antes de salir para el aeropuerto, José le dice a su madre —Te prometo que te **mandaré** / **voy a mandar** muchas postales.

Lecturas: Aplicación de la gramática

A. Lea *Nos han dado la tierra* de Juan Rulfo. Rulfo ha redactado este cuento utilizando verbos en el presente y en el presente perfecto. El mismo título ejemplifica esta elección. Subraye todas las formas verbales del presente o del presente perfecto.

¿Qué impresión produce en el lector el uso de estas formas verbales? El uso del presente hace que la desesperación de los personajes parezca real e inmediata porque el presente es el tiempo más cercano a nosotros, los lectores. Y el presente perfecto aquí funciona muy dentro de su significado convencional para describir los resultados actuales de situaciones anteriores como, por ejemplo, el trágico resultado de haberles dado esa tierra a los campesinos. Observe que el cuento termina con una frase que recuerda el título: "La tierra que nos han dado está allá arriba." Nada va a cambiar; los campesinos tienen que conformarse con la tierra que se les ha dado.

Observe también que el diálogo incluye ejemplos del uso de *ir* y *venir* con el gerundio.

Hemos venido caminando desde el amanecer.

...puñito a puñito se **han ido desperdigando**.

Después de **venir** once horas **pisando** la dureza del Llano...

Estas combinaciones son bastante corrientes en algunos dialectos (se trata en este caso de un dialecto rural mexicano), sobre todo en la lengua hablada.

B. Lea *El encargo* de Soledad Puértolas. A diferencia de *Nos han dado la tierra*, este cuento emplea de forma casi exclusiva formas verbales del tiempo pasado. Primero lea todo el cuento. Después, léalo otra vez y localice los pluscuamperfectos. Luego, determine cuál es el punto de referencia en el pasado que es anterior al verbo subrayado. Por ejemplo, el primer pluscuamperfecto, de la frase *Hasta el momento, el pregón había corrido a cargo de otra clase de artistas*, se utiliza para describir lo sucedido antes del momento en que invitan al protagonista a realizar el pregón.

Capítulo 2

El verbo:
el pretérito y
el imperfecto

❖❖❖❖❖ *Para empezar* ❖❖❖❖❖

Ejercicio 1

Traduzca este párrafo al inglés. Observe que el contraste entre el pretérito y el imperfecto desaparece en la traducción; el resultado de las dos formas españolas suele ser un simple pasado en inglés. Es por esto que hace falta investigar el significado del contraste con referencia a su función en español.

Hace ya más de 30 años, en Inglaterra, **nació** una niña, hija de una familia aristocrática, a quien sus padres **decidieron** ponerle el nombre de Diana. Esta niña **era** de una belleza típicamente inglesa, de pelo rubio, ojos azules y piel clara. Hasta la edad de 16 años, **vivió** la vida de la nobleza inglesa: colegio de internado, veraneo en el castillo familiar, vacaciones de esquí en Suiza. A pesar de todo, **era** una muchacha normal a quien le **gustaba** bailar en discotecas y salir con sus amigos. También **solía** tratar con la familia real. El hijo mayor de esta familia, el príncipe Carlos, un día <u>se **dio** cuenta de que</u> la vecinita ya no **era** una niña. **Empezaron** a verse con frecuencia y finalmente se **comprometieron**. Después de un noviazgo que **fue** objeto de un sinnúmero de reportajes y fotografías, se **casaron** en Londres en una ceremonia que **pudo** ver por satélite literalmente todo el mundo. Para poder pasar una luna de miel tranquila, **tuvieron** que refugiarse en un lujoso yate, porque **sabían** que sólo así **iban** a poder evitar a los fotógrafos.

Para comprender el contraste entre el pretérito y el imperfecto, hay que entender lo que se comunica por medio del contraste. Primero, hay que reconocer que dicho contraste no tiene nada que ver con el tiempo verbal. Las dos formas se refieren al tiempo pasado y por lo tanto no se pueden diferenciar temporalmente.

En cambio, el pretérito y el imperfecto sí se diferencian por su aspecto, o sea por lo que comunican estas desinencias sobre el desarrollo interno de las situaciones verbales. *El pretérito y el imperfecto expresan la perfectividad y la progresividad respectivamente,* los dos aspectos comentados en el capítulo anterior, *pero siempre en tiempo pasado.*

Las desinencias del pretérito y el imperfecto permiten la clasificación de una situación pasada de acuerdo con su aspecto relativo. La palabra clave aquí es *relativo*. **Si una situación se clasifica o no como completa depende del contexto en que se encuentre.** La situación llamada *explicar*, por ejemplo, es completa en el primero de los siguientes contextos, pero incompleta en el segundo.

Me lo **explicó** antes de que entrara el profesor.

Me lo **explicaba** antes de que entrara el profesor.

Puesto que la elección entre el pretérito y el imperfecto depende del contexto, hay que tener presente el factor contextual durante el estudio de este capítulo.

Análisis

El carácter aspectual del contraste

Empecemos nuestra investigación con una hipótesis. Digamos que *el hablante elige el pretérito cuando clasifica una situación verbal como completa en un contexto pasado, y el imperfecto cuando clasifica una situación como incompleta en un contexto pasado*. Veamos si esta hipótesis sirve para explicar los datos expuestos a continuación.

Es importante comprender que el hecho de que una situación no se haya completado en un contexto dado no quiere decir necesariamente que esa situación continúe. Cuando un hablante clasifica una situación como imperfecta, sólo comunica la imperfectividad *relativa* de la situación. Observemos la conjugación del verbo *llover* en el siguiente diálogo.

GONZALO: Enrique, ¿qué hiciste ayer? No te vi.

ENRIQUE: No hice nada. ¿No te acuerdas? Ayer **llovió** a cántaros.

GONZALO: No hace falta que me lo digas. **Llovía** tanto que casi no pude salir para comprar el periódico. Volví a casa empapado y con el periódico mojado.

ENRIQUE: Pues yo ni siquiera me atreví a salir.

Dice Gonzalo que cuando salió por el periódico estaba lloviendo, es decir que la lluvia no había cesado en ese momento. Esto no quiere decir que esté lloviendo en el momento de la conversación, y, a juzgar por el pretérito utilizado por Enrique, es de suponer que ha dejado de llover. La elección del pretérito o del imperfecto siempre tiene implicaciones contextuales.

Desde luego, ciertas situaciones verbales se prestan a una u otra clasificación aspectual. El hecho de que las acciones tengan principio y fin les confiere una definición semejante a la del aspecto perfectivo. Y las situaciones estáticas o repetitivas son indefinidas por naturaleza, igual que el aspecto progresivo. Sin embargo, un verbo de estado puede conjugarse en el pretérito y un verbo de acción en el imperfecto, según las necesidades comunicativas del hablante. Observemos, por ejemplo, los usos de *gustar* en el siguiente diálogo.

INMA: ¡Rafa, has vuelto! ¿Qué tal tu año en Nueva York?

RAFA: La ciudad me **gustó** desde el primer momento, a pesar de todas mis dudas.

INMA: ¿Y qué esperabas?

RAFA: Pensaba que no me **gustaban** las ciudades. Tú sabes —la contaminación, el peligro. Pero te acostumbras.

Rafa describe su reacción *(gustó)* en el pretérito porque se trata de un cambio de estado, mientras su opinión previa *(gustaba)*, no puede limitarse de esta manera.

Un verbo de acción, como *escribir*, puede conjugarse en el imperfecto si la acción aún no se ha completado con respecto a otra situación verbal.

PACO: Femy, ¿puedes salir esta noche?

FEMY: No, lo siento. Es que ayer sólo **escribí** tres páginas de este trabajo.

PACO: ¿En un día sólo pudiste hacer eso?

FEMY: Bueno, es que mientras **escribía** vino Carmen, y con lo habladora que es...

Femy escribió, o terminó de escribir, tres páginas, por lo que dicha acción se expresa en el pretérito. Pero llegó Carmen antes de que hubiera terminado de escribir, y esta acción incompleta se expresa en el imperfecto.

Pretérito e imperfecto en el contexto de la frase

Un contexto pasado puede limitarse a una sola frase, o puede extenderse a toda una conversación o a un cuento. Vamos a empezar con la frase porque constituye un contexto breve. Las frases del párrafo que se da a continuación ejemplifican algunos contrastes básicos.

Sabía que en Pamplona se **dejaba** correr a los toros por la calle durante las fiestas de San Fermín. Sin embargo, no lo **pude** creer cuando **leí** lo que había pasado. Un turista **murió** corneado mientras **participaba** en la fiesta popular pamplonense. Sólo **tenía** veinte años y no **hablaba** español. Por lo visto, **desconocía** que **era** peligroso estar allí al alcance de los toros. Y cuando **trató** de escaparse no **encontró** salida entre la muchedumbre. Me **tuve** que preguntar por qué la gente **corría** tales riesgos.

Cuando aparecen dos verbos pretéritos en una frase *(pude...leí, trató...encontró)* se entiende que las acciones son consecutivas. Así se interpreta la relación entre dos situaciones completas que ocurren en el mismo contexto. Cuando hay un verbo en el pretérito y otro en el imperfecto *(murió...participaba, tuve...corría)*, se entiende la situación pretérita que termina mientras transcurre la situación imperfecta. Cuando los dos verbos están en el imperfecto *(sabía...dejaba, tenía...hablaba, desconocía...era)*, lo único que se puede saber es que las dos situaciones ocurren paralelamente en el pasado.

La interpretación de un verbo depende no sólo del significado léxico, sino también de los factores que intervienen en el desarrollo de la situación. Por ejemplo, en las siguientes frases el período de tiempo señalado varía según el complemento directo del verbo, aunque no cambia el verbo.

Cuando acababa el examen...

Cuando acababa mi tesis...

Cuando acababa de desayunar...

La frase *cuando acababa el examen* se refiere a los últimos minutos en que la persona revisa lo escrito. *Cuando acababa mi tesis* se refiere a las semanas durante las cuales la persona corrige la versión final. Y *cuando acababa de desayunar* se refiere a un minuto para beber una taza de café, o a media hora para leer el periódico, según la persona. Si a estas frases agregamos *...me llamó Joaquín*, la interacción entre las dos situaciones tiene características propias en cada caso porque los contextos son distintos.

Ejercicio 2

Escriba cinco frases en las que haya dos verbos en el pretérito. Puede usar como modelos las dos frases a continuación.

1. Me llamó José y despertó a mi compañero de cuarto.
2. Me hice mucho daño cuando me caí.
3.
4.
5.
6.
7.

Ejercicio 3

Escriba cinco frases en las que haya dos verbos, uno en el pretérito y otro en el imperfecto. Puede usar como modelos las dos frases a continuación.

1. Sólo supe ayer que nos venían a visitar.
2. Hacía sol cuando me levanté.
3.
4.
5.
6.
7.

Ejercicio 4

Escriba cinco frases en las que haya dos verbos en el imperfecto. Puede usar como modelos las dos frases a continuación.

1. Cuando era niña admiraba mucho a mi abuela.
2. En la escuela militar, nos poníamos de pie cuando entraba el profesor.
3.
4.
5.
6.
7.

Ejercicio 5

Traduzca al castellano los verbos en las siguientes frases. Tendrá que escoger entre el pretérito y el imperfecto para expresar la relación entre las distintas situaciones verbales. Las desinencias verbales en inglés no indican de manera constante el contraste entre una situación acabada y una que todavía no lo está, aunque a veces se utilizan las estructuras *was/were VERBing, would VERB,* y *used to VERB* para marcar las situaciones inacabadas en el pasado.

1. When we **met** Lidia, we **didn't know** she **was** from Brazil.

2. She **fooled** us because she **spoke** English really well.

3. In fact, she **was** from Rio, where I **went** last year.

4. She **studied** at a school where the teachers **would insist** that the students speak English.

5. I **asked** her where she **was going** to stay.

6. She **said** that she **was hoping** to live on campus.

7. We **went** to the office, but **there was** nothing available.

8. **There used to be** plenty of housing, but a lot of Argentine students **came** after the elections there.

9. Lidia **realized** that she **would have to** live off campus.

Las frases que aparecen a continuación ejemplifican las cuatro relaciones que puede haber entre dos situaciones verbales. En estas frases se describe el final de un concierto, y todas las frases son gramaticales. Al igual que en los ejemplos anteriores, se entiende que dos situaciones que comparten el mismo contexto ocurren consecutivamente si son pretéritas, y ocurren simultáneante si son imperfectas. Una situación pretérita que comparte el contexto de una situación imperfecta ocurre durante el transcurso de ésta.

Cuando se terminó el concierto, salía el auditorio.

Cuando se terminaba el concierto, salía el auditorio.

Cuando se terminó el concierto, salió el auditorio.

Cuando se terminaba el concierto, salió el auditorio.

Ejercicio 6

He aquí otro par de situaciones que pueden relacionarse de cuatro maneras según su aspecto. Escriba las cuatro combinaciones posibles y prepárese para describir detalladamente la interacción de las dos situaciones en cada caso.

Cuando Geraldo **llegar** a la cena, los demás **empezar** a comer.

Las frases del cuadro que aparece a continuación permiten comparar el significado de un verbo conjugado en el pretérito con el significado del mismo verbo conjugado en el imperfecto.

Tuvo el cheque ayer.	**Tenía** el dinero cuando se lo pedí.
Nació cuando Truman era presidente.	Cuando **nacía** el niño, Sol pensó mucho en su madre.
Estuve tres días en París.	Vi a Yves cuando **estaba** allí.
Aprendió a esquiar en Chile.	Se rompió el brazo cuando **aprendía** a esquiar.
Se **sentó** antes del comienzo de la recepción.	Se **sentaba** cuando un niño travieso le quitó la silla.

Los verbos en el pretérito sirven para describir situaciones que se han realizado en el pasado. Con *tuvo* se expresa que el sujeto ha recibido el cheque; *nació* da a entender que el bebé ha llegado al mundo; *estuve* expresa que el sujeto se ha ido de París a los tres días; *aprendió* da a entender que el sujeto ha llegado a saber esquiar; *sentó* expresa que el sujeto ha pasado de estar parado a estar sentado. En contraste, los verbos en el imperfecto sirven para describir situaciones no-terminadas en el pasado. En tales casos, sólo sabemos que una situación ha existido en el pasado, pero desconocemos ni cómo empezó ni cómo terminó.

Cuando el hablante decide no hacer referencia a la terminación de una situación pasada, ¿cuál es su motivación? Es posible que la situación imperfecta sirva sólo para dar ambiente a otra situación pretérita; en este caso, no hacen falta muchos detalles. Suponemos, por ejemplo, que cuando un hablante dice: *Nació cuando Truman era presidente,* no le interesa hablar sobre la presidencia de Truman. También es posible que el oyente ya esté informado sobre la determinada situación, y por lo tanto no hace falta insistir en sus límites. Por ejemplo, si se dice *Estuve tres días en París* y a continuación *Vi a Yves cuando estaba allí*, el oyente no necesita que se repita que el viaje ya se acabó. Finalmente, existe una situación que por definición no tiene ni principio ni fin: el tiempo. Por eso, cuando se dice la hora en el pasado, se usa el imperfecto: *Eran las dos en punto cuando llegó el correo.*

El carácter léxico del contraste pretérito/imperfecto en inglés

Los verbos *tuve* y *tenía* pueden traducirse como *received* y *had.* Este hecho significa que en inglés el contraste aspectual puede expresarse de manera léxica. No significa que *tener* sea un verbo excepcional en español. Al contrario, *tener* funciona como cualquier otro verbo: puede referirse tanto a una situación pasada contextualmente limitada en el pretérito, o a una situación pasada ilimitada en el imperfecto.

Tomemos como ejemplo el verbo *acabar*, que se traduce *finished* en el pretérito con un infinitivo y *had just* en el imperfecto.

Acabó de hacerlo minutos antes de entregarlo.

Acababa de cambiar de puesto cuando le salió otra oferta.

En el pretérito, el verbo *acabar* se refiere a un momento específico en el desarrollo de la situación verbal. En el imperfecto, por otro lado, no se puede especificar ni el comienzo ni la terminación del período en cuestión. Cuando una persona acababa de cambiar de puesto, puede que dicho cambio haya ocurrido hace unos días, unas semanas, o inclusive hace unos meses.

Ejercicio 7

En las siguientes frases, el mismo verbo puede ser traducido al inglés de dos maneras. Lea las frases y sugiera una traducción apropiada para los verbos indicados.

1. **Supo** la noticia por la tele. *found out*
   No **sabía** que el niño era tan grande. *didn't know*

2. **Conocí** a mi marido en una clase. *to know*
   Como **conocía** bien a Marisol, esperaba su reacción. *to meet*

3. **Quise** llamarte anoche, pero tu línea estaba ocupada. *tried*
   Quería llamarte, pero se me olvidó. *wanted to, meant to*

   I wanted to call you, but your line was busy
   I had wanted to call you, but I forgot.

4. Por fin **comprendió** que no lo iba a hacer yo. *realized*
   Me costó traducir el poema, aunque lo **comprendía**. *understood*

5. Marta no **quiso** acompañar a su madre a misa. *refused*
   Jorge no iba a trabajar cuando no **quería**. *didn't want to*

6. La expedición **pudo** llegar a la cima del Everest. *succeeded in*
   En California, **podíamos** ir a la playa todos los días. *we were able to*

El pretérito y el imperfecto en contextos narrativos

Hemos visto cómo el pretérito define límites temporales —principio y fin— mientras que el imperfecto no los define. Esta diferencia lleva a una interpretación muy común del contraste aspectual: en muchos casos, sobre todo en los contextos narrativos, el pretérito ocupa el primer plano de la narración, mientras que el imperfecto ocupa el segundo plano.

A continuación, examinaremos un contexto narrativo en el que el contraste entre el pretérito y el imperfecto se ve con especial claridad. Se trata de un cuento de hadas, un género literario con una estructura muy convencional. Típicamente, estos cuentos comienzan con una introducción narrada en el imperfecto:

> **Erase** una vez, en una ciudad muy lejos de aquí, **vivía** una muchacha guapísima. Se **llamaba** la Cenicienta, porque **dormía** junto al fuego en la cocina y siempre **tenía** la cara manchada de cenizas. **Tenía** dos hermanastras muy feas y una madrastra muy cruel.

Estas frases introductorias anticipan los eventos principales del cuento. Al producirse la primera acción, ésta aparece en el pretérito:

Un día, **vino** un representante del Rey y **anunció** que habría un gran baile en el palacio.

El empleo del pretérito en un contexto en que todas las situaciones verbales son imperfectas sirve para resaltar la acción pretérita. En el resto de la historia, el pretérito sigue usándose para desarrollar el argumento, mientras que el imperfecto se emplea para ambientar el argumento.

¿Por qué se **organizaba** este baile? Porque el Rey **quería** que su hijo conociera a su futura esposa. Todas las jóvenes del reinado **empezaron** a prepararse para el baile. Pero la pobre Cenicienta no **hizo** nada; ya **sabía** que no **tenía** tela para hacerse un vestido. ¡Pobre chica! La noche del baile, **fue** al jardín a llorar sola. En ese momento, **apareció** un hada. Esta hada **llevaba** una vara mágica, y le **dio** a la Cenicienta un vestido magnífico, unos zapatos dorados, y hasta un carruaje para llevarla al palacio. Así que **fue** al baile y el Príncipe se **enamoró** de ella nada más verla. Y se **casaron** y **vivieron** felices y **comieron** perdices.

Analicemos ahora algunos de los verbos para establecer la relación entre el contraste aspectual y el significado del cuento.

imp ¿Por qué se **organizaba** este baile? *en el proceso*
El uso del imperfecto en esta frase implica que el baile no está todavía organizado. De hecho, es un evento futuro en este contexto y por lo tanto no puede haberse realizado. Dado que el imperfecto sirve para expresar acciones no terminadas, el imperfecto puede servir como el ***futuro del pasado***.

imp *Porque el Rey **quería** que su hijo conociera a su futura esposa.*
Lo que quiere el Rey aún no se ha realizado: el Príncipe no tiene novia. El imperfecto expresa los deseos no realizados del Rey.

pret *Pero la pobre Cenicienta no **hizo** nada; ya **sabía** que no **tenía** tela para hacerse un vestido.*
La única reacción de la Cenicienta es no hacer nada. Esta acción es completa y por eso aparece en el pretérito. Lo que sabe, en cambio, lo ha sabido desde siempre. Esta inmutabilidad se expresa por medio del imperfecto.

pret *La noche del baile, **fue** al jardín a llorar sola.*
La Cenicienta se va hacia el jardín (principio) y acaba allí (fin). Esta acción se perfecciona antes de la aparición del hada, y por eso entendemos que ésta aparece en el jardín. Desde luego, se podría decir *iba al jardín*, pero por esto se entendería que la Cenicienta no había llegado al jardín cuando apareció el hada.

*Esta hada **llevaba** una vara mágica.*

Cuando aparece el hada, ya tiene la vara mágica en la mano. Como no sabemos cuándo la tomó ni cuándo la dejó de tener, hay que usar el imperfecto.

Ejercicio 8

En el siguiente párrafo se describe cómo se encuentra un hombre el día después de haberse emborrachado. Lea el párrafo y después explique (basándose en el modelo del cuento de la Cenicienta) cómo se utiliza la información aspectual de los verbos señalados para relacionar cada situación verbal al resto del relato.

Ignacio había bebido tanta cerveza que se le habían olvidado los detalles de sus aventuras. **Estaba** en su habitación, pero no **se acordaba** de su regreso del bar. **Era** de día y el sol **entraba** por las persianas rotas. **Abrió** los ojos y los **cerró** inmediatamente. **Pasaron** algunos minutos y **volvió** a abrir los ojos. **Vio** que todavía **llevaba** la ropa de la noche anterior y que **estaba** muy sucia. La música que siempre **venía** de alguna radio cercana le **daba** dolor de cabeza, de muelas, de todo. **Juró** que nunca **iba** a repetir esta experiencia.

Ejercicio 9

He aquí el cuento de hadas *Ricitos de Oro y los tres ositos* en inglés. Para cada verbo, decida qué forma del pasado (pretérito o imperfecto) expresa mejor las relaciones entre las varias situaciones verbales. Prepárese para explicar sus elecciones.

One day, a little girl with golden hair **got lost** in the forest. After walking for a long time, she **came** to a house where three bears **lived**. But the bears **weren't** at home, so she **went inside**. She **walked** through the whole house, and saw that somebody her age **lived** there: **there was** a little bowl on the table, a little chair by the window, and a little bed upstairs. After looking through the house, Goldilocks **realized** that she **was** hungry, so she **ate** the porridge in the little bowl. Then she **sat** in the little chair until she **was** tired, and then she **went to sleep** in the little bed. She **slept** until the three bears **came back**.

Usos especiales del contraste entre pretérito e imperfecto

Mediante una metáfora podemos comprender mejor el contraste aspectual: un contexto lingüístico puede ser comparado a una escena visual. Cuando una persona contempla una escena, presta atención a ciertos detalles y no hace caso de otros. Lo que ve varía según sus intenciones, sus presuposiciones y su estado de ánimo. De la misma manera, el hablante puede enfocar su atención sobre cualquier parte de lo hablado, y a la misma vez relegar a un segundo plano otras partes. En español, se emplea el pretérito para resaltar ciertas partes del discurso, y el imperfecto para desenfocar otras.

Puede que el hablante perciba una situación desde una perspectiva no convencional. El resultado lingüístico será, lógicamente, poco convencional. Los sueños, por ejemplo, producen una percepción que tiene consecuencias lingüísticas; es común narrar los sueños casi exclusivamente en el imperfecto.

—He tenido una terrible pesadilla: he soñado que me despertaba y que me encontraba donde estoy ahora.

Este uso del imperfecto surge de la imposibilidad que tiene el soñador para entender claramente lo que está soñando. En los sueños, lo característico es la falta de definición.

Otro de los usos especiales del pretérito y el imperfecto se da en el periodismo. En los periódicos se transmite tanta información que a veces hay necesidad de desenfatizar lo que no sea de primera importancia. En el artículo a continuación, se usa el imperfecto con este fin. En el artículo, que trata unos sucesos relacionados con un acto celebrado en Madrid, destacan los verbos relevantes al acto. Todo lo demás ocupa el segundo plano, aunque bien podría merecer más atención —y otra clasificación aspectual— en otro contexto.

MUERE UN CORONEL DEL EJERCITO

La violencia terrorista **enlutó** el miércoles el acto de la firma del tratado de adhesión de España a la Comunidad Económica Europea. Un coronel del Ejército **fue** asesinado en la mañana de ese día en Madrid, y pocas horas más tarde **hacía** explosión el vehículo usado por los criminales en su huida. Por la tarde, en Vizcaya, un brigada de la Marina **era** igualmente asesinado. A pesar del asesinato, la firma del tratado se **celebró** con toda solemnidad en la capital.

Una generalización lingüística debería explicar todos los datos, porque el lenguaje no-convencional es tan auténtico como el lenguaje convencional. Entonces, hay que cambiar nuestra generalización original para dar cabida a todos los usos del pretérito y el imperfecto. *El pretérito se usa para describir situaciones verbales que se perciben como definidas o acabadas en un contexto pasado. El imperfecto se usa para describir situaciones verbales que se perciben como indefinidas o inacabadas en un contexto pasado.*

Más práctica

Ejercicio 10: A continuación aparece el cuento de la *Caperucita Roja*. Decida en qué forma verbal, el pretérito o el imperfecto, deben conjugarse los verbos señalados. Luego conteste las preguntas que siguen al cuento.

Erase una vez una niña que **llamarse** Caperucita Roja. Un día se le **ocurrir** ir a visitar a su abuelita. Así que **llenar** un cesto de manzanas, naranjas y galletas y **irse** para su casa. **Seguir** el camino que **ir** por el bosque porque le **gustar** ver las flores y los animalitos. Mientras Caperucita Roja **caminar** por el bosque, un lobo malicioso que **vivir** allí **salir** de su cueva pensando en su almuerzo. Al ver a Caperucita, **darse** cuenta de que la niña sería un sabroso primer plato. Así que **correr** a la casa de la abuelita, la **esconder** en un armario, **ponerse** su ropa, y **meterse** en su cama. Cuando Caperucita Roja **entrar** en la casa, **exclamar** —¡Abuelita, estás muy cambiada!— Entonces, la niña **acercarse** a la cama. Felizmente, justo cuando el lobo **ir** a comerse a Caperucita, **llegar** un leñador que **salvar** a nuestra heroína. Y colorín, colorado, este cuento se ha acabado.

1. Se puede decir o *Siguió el camino...* o *Seguía el camino....* ¿Cuál es la diferencia?

2. Se puede utilizar correctamente tanto *entró* como *entraba* en la frase "Cuando Caperucita Roja..." Pero, claro está, la relación entre los dos verbos de la frase no es la misma en los dos casos. Explique la diferencia entre *entraba* y *entró* en este contexto.

3. De igual manera, se puede usar *fue* o *iba* en la frase "Felizmente, justo cuando..." El uso del imperfecto aquí significa que la acción del lobo está todavía en el futuro. ¿Qué significa el uso del pretérito?

Ejercicio 11: Cuando se leen los obituarios en español, se ven frases como *El difunto* estuvo *casado con María del Carmen Pérez* y *El difunto* estaba *casado con María del Carmen Pérez*. Por supuesto estas dos frases no tienen el mismo significado. ¿Qué diferencia hay entre ellas?

Ejercicio 12: En español, los cuentos de hadas suelen empezar con la frase *Erase una vez* o bien *Erase que se era* y suelen concluir con *Y vivieron felices y comieron perdices*. ¿Cuál es la implicación del empleo del imperfecto al principio y del pretérito al final?

Ejercicio 13: Pídale a un hablante nativo del español que describa brevemente *el día más feliz/triste/emocionante/importante/memorable de mi vida*. Grabe la narración y entonces transcríbala. Subraye todas las formas del pretérito y del imperfecto, y explique los motivos que tuvo el hablante al escoger una u otra forma.

Ejercicio 14: Describa el día más feliz, triste, emocionante, importante o memorable de su vida. Utilice verbos en el pretérito y en el imperfecto al elaborar la narración.

Ejercicio 15: En el capítulo anterior, se habla de la conjugación pluscuamperfecta, que consta del imperfecto del verbo *haber* más un participio. También se da la combinación del pretérito de *haber* más el participio, aunque esta forma verbal es de poco uso. Se puede decir, por ejemplo, *Justo después de que hubo salido, cerré la puerta.* ¿Qué significa esta combinación? ¿A qué se debe el contraste semántico que hay entre esta forma y el pluscuamperfecto?

Ejercicio 16: La distinción entre el uso del pretérito y el presente perfecto varía según el dialecto. Por ejemplo, en España se suele decir *Este verano he hecho un cursillo de catalán*, mientras que en muchos dialectos americanos se diría *Hice un cursillo de catalán*. ¿Cómo se explica la confluencia parcial de estas dos formas verbales?

Lecturas: Aplicación de la gramática

En muchos casos, la elección del tiempo verbal se debe a características objetivas de la situación verbal. Pero estas características pueden ser ignoradas u ocultadas según las necesidades creativas de un escritor. Vemos un claro ejemplo de esto en *Continuidad de los parques* de Julio Cortázar y *Agueda* de Pío Baroja. Lea estos cuentos, y luego vuelva al texto y subraye con una línea todos los verbos conjugados en el pretérito y con dos líneas todos los verbos conjugados en el imperfecto. Podemos ver que se utiliza sólo el imperfecto en ciertas partes de los relatos. ¿Cómo podemos explicar este fenómeno?

El cuento de Cortázar, en el que la realidad y la fantasía están entrelazadas, empieza con una alternación convencional entre el pretérito y el imperfecto. Luego, se utiliza sólo el imperfecto para describir los acontecimientos que tienen lugar en la novela leída por el protagonista del cuento. Cuando los protagonistas de la novela penetran el mundo 'real' del cuento, reaparece el pretérito, y Cortázar lo utiliza por primera vez para describir sus acciones. Tenga esto en cuenta al leer el cuento, e identifique el momento en que el cuento-dentro-del-cuento se confunde con el cuento mismo. ¿Qué es lo que Cortázar consigue expresar mediante el uso del contraste aspectual?

En el cuento de Baroja también se emplea el contraste entre el pretérito y el imperfecto de manera significativa. En *Agueda*, la protagonista tiene una vida muy aburrida y repetitiva. Todas las descripciones de esta vida, que constituyen la mayor parte del cuento, aparecen en el imperfecto. En un momento dado, Agueda se enamora, y el pretérito aparece sólo mientras dura este amor. Lea el cuento y fíjese cómo el uso restringido del pretérito sirve para resaltar el breve romance. ¿Qué características del contraste entre el pretérito y el imperfecto aprovecha Baroja para contarnos esta historia?

Capítulo 3

El verbo:
ser, estar y **haber**

<diamond ornament> *Para empezar* <diamond ornament>

Hasta ahora hemos examinado cómo ciertas conjugaciones verbales expresan el aspecto y el tiempo. Ahora vamos a concentrarnos en el significado léxico de tres verbos que se distinguen de los demás verbos en español. *Ser, estar* y *haber* distan de ser verbos prototípicos. Primero, *ser, estar* y *haber* no nombran ninguna acción o proceso. Su significado léxico es muy poco concreto, y se refiere a la mera existencia de una entidad o bien a sus características. Segundo, son verbos que tienen también funciones auxiliares. Hemos visto que se emplea *haber* para formar los tiempos perfectos y *estar* para formar los tiempos progresivos, y veremos que *ser* se utiliza para formar la voz pasiva. Por cierto, en muchas lenguas se utilizan verbos que no nombran acciones como auxiliares; piense, por ejemplo, en los verbos auxiliares *to be* y *to have* en inglés.

Por lo que se refiere a *ser* y *estar*, los que somos de habla inglesa encontramos que son difíciles de distinguir, porque la distinción de significado expresada mediante el verbo no siempre corresponde a una distinción verbal en inglés. Como en el caso del pretérito y el imperfecto, donde la elección de la forma verbal no corresponde a una regla sintáctica sino a una realidad semántica, el hablante elige *ser, estar* o *haber* de acuerdo con la idea que quiere comunicar. Por lo tanto, nuestra discusión de estos verbos se centra en el significado expresado por cada uno.

Ejercicio 1

Para identificar algunas de las complicaciones que se presentan en español, haga la siguiente traducción del castellano al inglés. A continuación, intercambie su traducción con un(a) compañero(a) de clase, y cuente cuántas veces sale una forma del verbo *to be* en su escrito.

Había mucha, muchísima gente en la plaza. No sé de quién fue la idea, pero todos habíamos quedado en encontrarnos delante de la fuente luminosa a las 10 si nuestro equipo ganaba el campeonato, porque es más divertido poder compartir la victoria con los demás, y en la plaza estábamos seguros de que habría mucho ambiente. Tenía yo que encontrar a Carlos, y estaba muy claro que no iba a ser nada fácil. Estaba intentando acercarme a la fuente cuando oí la voz de Carlos, quien estaba un poco detrás de mí. Juntos podíamos tratar de localizar a los otros.

Ud. habrá encontrado una forma de *to be* en bastantes frases de la traducción. Fíjese que *to be* corresponde a frases en que se encuentran diversos verbos en español: *había, habrá, es, iba a ser, fue, estaba*. No se trata de ningún problema con la traducción, sino del hecho de que el verbo *to be* tiene varias funciones en inglés, y éstas corresponden a distintos verbos en español. Ahora examinaremos varios contextos para aprender cuáles son las características que determinan la elección de *ser, estar* o *haber*.

Análisis

La función presentativa de *haber* impersonal

hay — comunicar la existencia de algo

hay + sustantivo = una entidad genérica

Si partimos de la idea de que el discurso tiene su propia estructura, la función de ciertas frases es la de presentar una idea en el hilo de la conversación. Las frases presentativas son frecuentes, porque antes de comentar algo, el hablante tiene que anunciar el tema de su comentario con el objetivo de preparar al oyente para lo que le va a decir. Si el hablante no prepara al oyente, puede haber malentendidos, como en el siguiente diálogo.

QUIQUE: Oye, Montse, ¿qué es esto sobre la mesa?

MONTSE: *(En otra habitación)* ¿A qué te refieres?

QUIQUE: **Hay** una caja aquí.

MONTSE: Ah, son unas galletas para la recepción esta tarde. No había dónde dejarlas en la oficina.

Si Quique hubiera empezado diciendo "Hay una caja sobre la mesa," en vez de referirse al pronombre *esto*, Montse habría sabido responder. ***Se utilizan las formas impersonales del verbo* haber** (presente *hay*, pretérito *hubo*, imperfecto *había*, futuro *habrá*, condicional *habría*) ***para introducir un tema en el discurso.*** *Hay (hubo,* etc.) sirve para comunicar la existencia de algo.

Para presentar una entidad genérica, se combina *hay* con la forma singular o plural de un sustantivo sin artículo:

Pero no **hay** agua. *(Rulfo)*

No **hay** ni conejos ni pájaros. No **hay** nada. *(Rulfo)*

También se puede combinar *hay* con un sustantivo introducido por el artículo indefinido para hacer referencia a un miembro de una clase de entidades.

> Entre los amigos de la familia **había** un abogado joven, de algún talento. *(Baroja)*

Lógicamente, no se suele combinar *haber* impersonal con el artículo definido, porque si sabemos identificar un objeto lo suficiente para marcarlo con el artículo definido, lo damos por conocido. Sin embargo, la combinación de *haber* con el artículo definido se da cuando se introduce una entidad conocida en un contexto anterior en un contexto nuevo.

TINA: ¿Qué hay de comer?

RAFA: Bueno, hay fruta y hay un trozo de pizza.

TINA: Es que me apetece algo caliente.

RAFA: Ah, hay **la sopa** que sobró anoche. Te la puedes calentar.

Ejercicio 2

Conjugue el verbo *haber* en un tiempo adecuado según el contexto. Para entender el contexto, lea el diálogo antes de hacer el ejercicio.

A: ¿Cuántas personas ~~hay~~ habrá en la fiesta esta noche? Si ~~hay~~ _____ mucha gente a lo mejor no voy porque no me gustan las fiestas multitudinarias.

B: Pues, no sé, pero me imagino que ~~había~~ habrá unos quince o veinte. Ya conoces a Pilar, siempre invita a todo el mundo. ¿Estuviste en su última fiesta?

A: No. Creo que ~~hay~~ había algún problema de transporte o algo. ¿Qué pasó?

B: Me han dicho que ~~hay~~ hubo un intercambio de palabras bastante desagradables entre Sergio y Carlos. Espero que esta vez no haya invitado a esos dos.

Haber impersonal tiene una característica que la diferencia de la mayoría de los otros verbos: siempre se conjuga en la forma de tercera persona singular. Por razones históricas se dice *hay* y no *ha* en el tiempo presente, pero todas las otras formas de este verbo coinciden con formas del verbo auxiliar *haber*. La función de *haber* impersonal, la de presentar entidades en el discurso, no se ajusta al patrón de agente-verbo-paciente (véase el Capítulo 5 sobre el verbo transitivo). Compare las siguientes frases:

Todos hicieron sus presentaciones ayer.

Ayer hubo presentaciones.

En la primera, hay una situación verbal en la que participan dos entidades: *todos* y *presentaciones*. Por la estructura gramatical de la frase, se sabe que *todos* llevaron a cabo la acción del verbo, y que de esta acción resultaron *sus presentaciones*. En la segunda frase, en cambio, no es posible efectuar el mismo tipo de análisis porque no se lleva a cabo ninguna acción. Lo que hay es una entidad —*presentaciones*— que el hablante quiere que forme parte del discurso. Se sabe que *presentaciones* no es el sujeto sintáctico de *hubo*, porque si lo fuera habría concordancia de número.

Hay puede aparecer con los pronombres *lo/la/los/las* cuando se necesita modificar una entidad genérica previamente introducida en el discurso.

MARINA: ¿Qué tipo de puesto estás buscando?

JUANJO: Uno de contable en una compañía mediana.

MARINA: Mi cuñado estudia para contable, y me dice que **los hay** que ganan muchísimo dinero.

La idea de *contable* ya está presente en el discurso cuando Marina introduce una cierta clase de contables mediante *los hay*. Aunque se sabe lo suficiente de los contables para poder atribuirles ciertas cualidades *(ganan muchísimo dinero)*, no llegan a ser personas específicas.

Ejercicio 3

En el siguiente párrafo, utilice *hay* para introducir nuevos temas y *lo/la/los/las hay* para hacer referencia a entidades ya mencionadas que se van a modificar.

La regeneración

Hay muchos organismos que poseen notables poderes de regeneración. Plantas enteras crecen a partir de simples células. Entre las plantas, *los hay* que son más complejas que otras, lo cual dificulta el proceso. Los animales también son capaces de una cierta regeneración, pero su capacidad regenerativa es mayor cuanto menor es la diferencia funcional que existe entre sus células. *Hay* numerosos ejemplos de regeneración entre los invertebrados; las estrellas de mar constituyen un caso muy estudiado. Dentro de los vertebrados, *hay los* que pueden llegar a regenerar totalmente miembros perdidos. Pero no *hay* mamíferos con una capacidad de regeneración tan grande. Aunque los niños pequeños pueden regenerar la punta del dedo, no *hay* posibilidad de que regeneren el miembro entero. Esta posibilidad sólo existe en las obras de ciencia-ficción.

La función definicional de *ser*

Al hablar de entidades ya identificadas, surge el problema de elegir entre *ser* y *estar*. *Ser* y *estar* son verbos copulativos, es decir que sirven de nexo entre su sujeto y otro elemento de la frase. Los dos verbos se suelen traducir al inglés por *to be*, pero esto no quiere decir que tengan el mismo significado. **Ser *y estar no son nunca intercambiables debido al contraste semántico entre ellos.***

Ser *es el verbo de definición por excelencia.* Cuando aparece al lado de una frase nominal, señala la equivalencia entre su sujeto y el nombre o pronombre de la frase nominal. El significado léxico de este verbo es mínimo, y por esta razón hay muchas lenguas que prescinden de este verbo, dejando que la falta de un verbo indique dicha equivalencia.

Juan **es** el médico de mi pueblo. Estudió muchos años fuera pero volvió al pueblo porque siempre **ha sido** amante de su tierra. Además, ya tenía casa aquí —**es** una de las antiguas de la época colonial— y su mujer **es** profesora de lengua en el colegio.

Fíjese que estas equivalencias se establecen entre nombre y nombre (Juan = médico) o entre pronombre y nombre (él = amante). En este ambiente sintáctico, no se puede utilizar *estar*.

Esta idea de definición se extiende a toda entidad, y explica un uso de *ser* que tal vez pueda confundir al angloparlante. Consideremos una sub-clase de entidades, los sucesos. Un suceso sólo existe en función del tiempo y el lugar en que transcurre; se habla de acontecimientos que *ocurren*, *tienen lugar*, *pasan*, *se celebran*, *suceden*, o *se efectúan* porque es inconcebible un evento que no transcurra durante cierto tiempo y en cierto lugar. Es decir, el tiempo durante el cual tiene lugar el suceso y el sitio donde ocurre forman parte de la definición del suceso mismo. Por lo tanto esta relación se expresa con *ser*.

ARACELI: El alcalde dijo que la reunión **sería** a las diez.

ENRIQUE: ¿Y dónde **será**?

ARACELI: Supongo que **será** en la sala mayor. Habrá mucha gente.

ENRIQUE: ¿Por qué? ¿De qué se va a hablar?

ARACELI: De la circulación, claro. ¿No sabes que ayer **hubo** otro accidente? (presentación del suceso)

ENRIQUE: No. ¿Dónde **fue**?

ARACELI: En la esquina de siempre. Siempre hay choques allí porque no hay semáforo.

Ejercicio 4

Utilice el verbo *ser* para completar las frases abajo. Lea el diálogo antes de conjugar el verbo para averiguar qué forma de *ser* convenga al contexto.

LALY: ¿Se celebra mañana el concierto de rock organizado por la asociación contra la droga?

LUIS: (el viernes que viene) ~~Será~~ Será el viernes que viene

LALY: No sé por qué pensaba que ~~es~~ mañana. ¿Dónde lo van a montar?

LUIS: (en el estadio municipal) Será *Va a estar* en el estadio municipal

LALY: ¿Has llamado a Lourdes y Ramón? Nunca pierden este tipo de concierto. Por cierto, hace tiempo que no los veo.

LUIS: ¿No sabías que Lourdes y Ramón se casaron?

LALY: No me digas. ¿Cuándo ~~era~~ fue la boda?

LUIS: Hace unos quince días. Querían una ceremonia muy privada, así que invitaron sólo a sus padres y hermanos. No te ofendas, Laly, que tampoco estuve yo.

Tal como el lugar puede formar parte de la definición de un suceso, un ___*locativo*___ (una palabra o frase que se refiere a la ubicación) puede definir una entidad. Por ejemplo, podemos indicar al taxista que no conoce nuestra casa, "la casa es aquí," comunicando a través de esta frase que la casa es ésta y no otra. Ya que la frase señala una equivalencia entre la entidad (*casa*) y el locativo (*aquí*), éste tiene una interpretación pronominal. Expresiones como *aquí, allí, arriba, abajo*, etc. sólo pueden interpretarse en el discurso porque se refieren a sitios ya definidos en el contexto. De la misma manera que un pronombre sustituye un nombre conocido por los participantes en el discurso, estos locativos sustituyen un lugar conocido. Por lo tanto, si el hablante quiere definir una entidad por su situación, puede hacerlo aprovechando el contenido semántico de *ser*.

El utilizar* ser *con un adjetivo sirve para clasificar la entidad sujeto. La intención de cualquier clasificación es la de agrupar una entidad con otras parecidas para así diferenciarla de entidades distintas. Origen, constitución y pertenencia, por ejemplo, son cualidades que permiten que una entidad se diferencie de las demás.

CLIENTE: ¿**Es** de menta este licor?

CAJERO: Mire, no sé, porque **es** nuevo y además **es** de Polonia y no leo polaco. Pero supongo que **es** de cereza, porque lo han puesto allí al lado del kirsch.

CLIENTE: ¿Y esta botella tan bonita?

CAJERO: Esa botella no se vende. **Es** del dueño.

Observe que las frases preposicionales *de menta*, *de Polonia*, *de cereza* y *del dueño* funcionan como adjetivos que clasifican el licor y la botella según su origen, constitución o pertenencia. (Véase el Capítulo 10 sobre las preposiciones.)

La función atributiva de *estar*

Recordemos que sólo *estar* —y nunca *ser*— puede usarse para formar los tiempos progresivos. En estas combinaciones, el verbo *estar* sirve para situar en el tiempo el transcurso de alguna acción, nombrada por el gerundio. Las formas verbales progresivas no pueden formarse con *ser*, porque el relacionar una entidad con una situación verbal durante un período de tiempo no define la entidad. De la misma manera, *estar* se utiliza para situar una entidad en el transcurso de un proceso.

La hermana de Jorge **estaba** en el tercer mes de embarazo.

Porque el tiempo y el espacio son realidades paralelas, *estar* también sitúa las entidades en el espacio. ***Para situar en el mundo una entidad ya definida en el discurso, se utiliza* estar.** Veamos unos ejemplos:

A veces una esperanza loca le hacía creer que allá en aquella plaza triste, **estaba** el hombre a quien esperaba. *(Baroja)*

... queríamos lo que **estaba** junto al río. Del río para allá, por las vegas, donde **están** esos árboles llamados casuarinas y las paraneras y la tierra buena. *(Rulfo)*

Muchas veces se ha dicho que *estar* indica la idea de temporalidad, pero uno de estos ejemplos nos enseña que esto no puede ser cierto. La tierra junta al río en el cuento de Rulfo no cambiará nunca de sitio. De la misma manera se dice que París *está* en Francia, porque con esta frase sólo se localiza la ciudad, no se la define. Para definirla, habría que decir que París *es* una ciudad en Francia (nótese el uso del sustantivo *ciudad*).

Hemos visto que la definición de un suceso depende de su localización en el tiempo, pero esto no es verdad con otros tipos de entidad. Mientras que hablando de un suceso se dice

La boda **sería** en otoño. *(Baroja)*

no se suele definir así a otros tipos de sustantivo. Los asteriscos señalan que estas frases no son gramaticales.

*El perro **es** a las dos y media.
*El equipo **será** el domingo que viene.

Ya que en español hay una serie de sustantivos que pueden referirse o a entidades o a acontecimientos, es previsible que puedan aparecer con los dos verbos, *ser* y *estar*, pero con una diferencia de significado:

La clase **está** en el primer piso. (clase = alumnos)
La clase **es** en el primer piso. (clase = actividad)

Ejercicio 5

Decida qué dibujo corresponde a la situación descrita por *La cena está en el comedor*, y a la descrita por *La cena es en el comedor*.

*Cuando se utiliza **estar** con un adjetivo, se le atribuye a su sujeto una cualidad que difiere de la clasificación convencional o básica del hablante.* No todas las comparaciones intentan describir una entidad a base de sus diferencias con otras entidades. También se puede comparar una entidad consigo misma, porque esa entidad experimenta varias condiciones. El uso de *estar* con un adjetivo indica que el hablante está comparando la condición de la entidad en un momento dado con otra condición suya. No la está clasificando, lo cual haría con *ser*, sino que la está comparando con una clasificación previa. Es decir, *estar* sitúa un estado de una entidad con respecto a otro estado de la misma entidad.

Consideremos estas dos frases cortas:

Este examen **es** difícil.

Este examen **está** difícil.

La expresión *es difícil* describe un examen más difícil que otros que ha tomado el hablante. La frase *está difícil*, en cambio, quiere decir que el examen es más difícil de lo que esperaba el hablante.

No es que ciertos adjetivos se usen con *ser* y otros con *estar*, sino que la elección del copulativo determina el significado que se pueda imputar al adjetivo. Compare estos dos comentarios sobre las Islas Canarias:

Para ir a las Islas Canarias **es** necesario ir en avión. Los billetes **son** más caros en invierno que en verano porque el clima **es** tropical y a mucha gente le gusta escaparse del frío del invierno.

El año pasado pasamos nuestras vacaciones de Navidad en Canarias. Encontramos que todo **estaba** bastante caro, más de lo que habíamos esperado. Pero **estuvo** muy rico el poder bañarnos en diciembre. El agua **estaba** bastante cálida.

La diferencia entre una comparación con las demás entidades por una parte, y una con otras condiciones de la misma entidad por otra, hace que la elección del verbo copulativo conlleve una serie de implicaciones para la interpretación de la frase. Del uso de *ser* o *estar* en las frases de abajo, se puede hacer las inferencias escritas entre paréntesis.

Mi jefe **es** simpático. (más que otras personas)
Mi jefe **está** simpático. (no siempre se comporta así)

Su carro **es** nuevo. (se acaba de fabricar)
Su carro **está** nuevo. (comparado con lo que se esperaría)

Flor **es** nerviosa. (comparada con otras personas)
Flor **está** nerviosa. (debido a alguna circunstancia)

Ejercicio 6

Escriba cinco frases describiendo el lugar de unas vacaciones suyas, siguiendo el ejemplo arriba sobre las Islas Canarias.

En ciertos casos el contraste comunicado en español por el uso de *ser* o *estar* con un mismo adjetivo es comunicado en inglés por medio de distintos adjetivos. Vimos en el Capítulo 2 que algunos de los contrastes semánticos expresados por medio del pretérito y el imperfecto en español se expresan en inglés por medio del léxico, y aquí vemos algo parecido. Al describir una entidad a partir de un contraste con otras (*ser*) o a partir de un contraste con la expectativa que uno tiene para esta entidad (*estar*), se pueden producir combinaciones que se traducen al inglés por distintos adjetivos:

Español	Traducción con *ser*	Traducción con *estar*
aburrido	boring	bored
atento	attentive	paying attention
bueno	good	in good health
callado	quiet by nature	not talking
cansado	tiresome	tired
decente	a decent person	dressed appropriately
grave	serious	in serious condition
listo	clever, smart	ready
loco	wild	mentally unhealthy
malo	bad	in poor health
negro	Black (human race)	angry
verde	green	unripe
violento	of a violent nature	irritated /embarrased/uncomfy
vivo	vivacious	alive

Aquí, no es que el adjetivo tenga varios significados, sino que el verbo impone su carácter en la frase, y la interpretación de ésta se hace a partir de la combinación de verbo + adjetivo. Note que los adjetivos con *ser* nombran características del sujeto, mientras los mismos adjetivos con *estar* nombran estados en que se encuentra el sujeto, de acuerdo con el comportamiento general del adjetivo con los copulativos.

Ejercicio 7

Cree un contexto posible para las siguientes frases:

1. Y luego Joaquín estuvo negro. *Había argumentando con su amigo.*
2. Esa conversación fue muy aburrida. *No sabía nada de la tema.*
3. La competencia es lista. *La competencia estudia mucho.*
4. La abuela está muy grave. *Maria que Tiene muchos años.*
5. Gracias a Dios, está vivo. *Caí y rompió el cuello.*
6. Menos mal que esta vez está decente.
7. Es que es callada. *No dice mucho.*

Ser y *estar* con el participio

Vimos en el Capítulo 1 que el participio es una forma impersonal del verbo que tiene un significado perfectivo. Esta forma verbal también puede usarse como adjetivo. En líneas generales, se puede decir que con *ser* el participio retiene su carácter verbal, mientras que con *estar* adquiere una función atributiva. Es decir, la combinación de *ser* + participio constituye un verbo compuesto, mientras que la combinación de *estar* + participio es un verbo copulativo más un adjetivo. En los dos casos, sin embargo, el participio concuerda en género y número con el sujeto.

Con el participio de verbos transitivos, la combinación de *ser* más participio forma lo que se llama la ***voz pasiva***. Esta construcción hace resaltar el *paciente* (la entidad que recibe la acción) a la misma vez que quita interés al *agente* (la entidad que inicia la acción). En muchas frases pasivas, como en el siguiente ejemplo, no hay mención del agente.

> Por primera vez los indios de la Reserva de los Apaches y de los Pueblos empezaron a frecuentar un restaurante nuestro. Todos **eran recibidos** con alegría y cortesía y servidos con todas las atenciones. *(Ulibarrí)*

No se comunica aquí quién recibió a los indios.

Tal como veremos en el Capítulo 6, la voz pasiva con *ser* no se emplea mucho en el español hablado porque existe otra construcción, la con *se*, que cumple la misma función semántica. Sin embargo, se ve a menudo en el lenguaje escrito, sobre todo en los periódicos.

La catedral **fue construida** en el siglo XIV. Las vidrieras **fueron hechas** en Francia y **llevadas** a España para colocarse. Desgraciadamente, muchas **fueron destruidas** durante la Guerra Civil. Además, en el caos después de la Guerra, numerosas estatuas de mucho valor **fueron robadas**.

Fíjese que en este párrafo los que construyeron la catedral no son los que hicieron las vidrieras y éstos no son los que las destruyeron. La voz pasiva permite que se hable de las acciones sin hacer referencia al origen de las mismas.

La construcción paralela con *estar*, en cambio, no enfoca el proceso verbal, sino el resultado del proceso. El participio en estas construcciones cumple una función adjetiva: nombra el estado en que se encuentra el sujeto después de cumplirse la acción verbal.

La puerta **está abierta**.

La ventana **está rota**.

El desayuno **estaba preparado** a las 8.

Al principio de este capítulo se dijo que el uso de *haber*, *ser*, y *estar* corresponde a una realidad semántica. La función semántica de *haber* es la de introducir materia nueva en el discurso. No es que el hablante no sepa nada acerca de esta materia —a lo mejor puede contarla (*Hay tres*) o modificarla (*Los hay que valen poco*), sino que a su juicio esa entidad todavía no forma parte del discurso. Una vez que la entidad está en juego, el hablante tiene que elegir entre *ser* y *estar* para describirla. El siguiente esquema sirve para repasar lo que se ha dicho sobre el contraste semántico entre los dos verbos copulativos.

	Ser		**Estar**
1.	para ligar el sujeto con un sustantivo o pronombre **Soy el mayor.**	1.	(no se usa)
2.	(no se usa)	2.	para formar los tiempos progresivos **Estamos estudiando.**
3.	con un locativo para *definir* el sujeto **La salida es allí.**	3.	con un locativo para *situar* el sujeto **Burgos está al norte.**

4. con un adjetivo para *clasificar* el sujeto
   El melón es dulce.

4. con un adjetivo para *comparar* un estado del sujeto con otro
   El melón está maduro.

5. con el participio para formar la voz pasiva
   El concierto fue cancelado. *para expresar el resultado de una acción hecha.*

5. con el participio para atribuir el resultado de una acción al sujeto
   Mi trabajo está hecho.

⟨⟨⟨⟨⟨⟨⟨⟨ *Más práctica* ⟨⟨⟨⟨⟨⟨⟨⟨

Ejercicio 8: Refiriéndose al esquema anterior, justifique los usos de *ser* y *estar* que aparecen en el siguiente contexto.

El carnaval dominicano

El carnaval **es** una sobrevivencia de la época en que el mundo católico dejaba de asistir a fiestas durante la cuaresma. Durante el carnaval, se celebraba todo lo que no se iba a poder celebrar durante los próximos cuarenta días. Aunque **han sido** eliminadas muchas de las austeras prohibiciones religiosas de aquella época, el carnaval todavía se celebra en muchas partes de América Latina. Así por ejemplo, hoy en día en la República Dominicana se sigue celebrando esta festividad, aunque el afán por preservar las tradiciones carnavalescas delata una menor participación popular. Sin embargo, el carnaval sigue **siendo** importante, sobre todo entre la clase obrera. Las clases media y alta se limitan en muchos casos a observar las festividades (y puede que esto no **sea** nada nuevo). Los disfraces de carnaval varían de una región a otra. En Santiago, la segunda ciudad del país, lo más impresionante del disfraz **es** la careta, que cubre la cara del 'diablo' y le permite —según dicen— desprenderse de su identidad cotidiana para gozar plenamente del júbilo reinante. La careta **está** hecha a base de barro cubierto de papel y luego pintado con colores vivos. Un ejemplo del aburguesamiento de la fiesta **es** que las caretas más vistosas acaban en museos folclóricos, mientras antes no sobrevivían la celebración anual. Sin embargo, el sabor popular **está** todavía presente y los artesanos dominicanos **estarán** soñando ahora con los disfraces del próximo año.

Ejercicio 9: *¿Ser o Estar?* Lea el párrafo antes de elegir.

Les voy a contar algo interesante. Mi padre __es__ economista, y dice que la economía ahora __está__ en peor estado que antes pero que no lo sabemos porque no podemos entender las estadísticas. Según él, el costo de la vida __está__ subiendo más rápidamente de lo que parece. Desde luego, las estadísticas __están__ (son/fueron) preparadas por expertos, pero dice mi padre que __son__ expertos muy conservadores. El Presidente no quiere que todo esto se haga público, por supuesto, porque __está__ muy contento con las estadísticas. Francamente, no entiendo exactamente qué pasa con la economía porque no __estoy__ bien informado, pero sé que mi padre sabe lo que dice. De hecho, él __está__ en la capital ahora asistiendo a un congreso sobre problemas económicos para ~~ser~~ __estar__ al día en esto.

Se puede decir *son preparadas* o *están preparadas*. ¿Cuál es el significado de la combinación de *ser* o *estar* con el participio?

Ejercicio 10: *¿Ser, Estar, o Haber?* Lea el relato antes de empezar a rellenar los espacios en blanco; hay que entender el contexto para poder elegir el verbo y conjugarlo en el tiempo adecuado.

Nosotros que trabajamos aquí en el campus sabemos que __hay__ muchos problemas en el mundo universitario. Lo que __es__ una pequeña molestia en otras partes puede llegar a __ser__ una crisis en este mundillo. Pongamos la falta de aparcamiento de ejemplo. Si no ~~está~~ __hay__ aparcamiento en el centro, el problema se resuelve pronto porque los tenderos necesitan clientes. En cambio, aquí en el campus lo que se hace es formar un comité. Y el comité se reúne y produce un informe y luego el informe __es__ mandado a otro comité. Y el problema sigue sin solucionarse: no podemos aparcar cerca del edificio donde trabajamos. Si se llega antes de las ocho, puede ~~ser~~ __haber__ algún que otro espacio libre. Pero después de las ocho, ¡olvídate! La semana pasada, un amigo ~~está~~ __fue__ multado porque había aparcado en un espacio prohibido. Al ver la multa, que ~~hay era~~ __fue__ de $25, __estuvo__ furioso, porque la falta de espacio se debía a que otro carro __estaba__ entre dos espacios. Dice que deberían haber multado al otro conductor. Los espacios reservados __son__ otro problema. Si no te das cuenta de la señalización y aparcas en uno de ellos, viene la grúa

y te lleva el carro al depósito universitario. Todos deberíamos ir a pie a la facultad —<u>es/sería</u> más sano en todo
caso.

[handwritten: será]

Ejercicio 11: En muchos dialectos del español, se dicen frases como las siguientes:

[handwritten vertical note: haber + sustantivo]

Sólo **habían** cuatro personas en el restaurante, así que
pensamos que no era muy bueno.

Mañana **van a haber** muchos problemas porque los trenes
están de huelga.

Sólo **habrán** cinco plazas y **hay** más de 200 solicitantes.

¿Puede sugerir la razón por la que se ha efectuado este tipo de
concordancia, y por qué la concordancia no se efectúa con *hay*?
Pregúntele a unos amigos hispanohablantes cómo les suenan estas
frases u otras parecidas.

Ejercicio 12: ¿Qué quieren expresar los autores de las siguientes frases con el
contraste entre *ser* y *estar*?

La respuesta del humorista español José Luis Coll al
periodista que le había dicho que estaba muy serio:
—No estoy serio. Soy serio. *[handwritten: No es ningún problema con mi salud — es verdad.]*
Yerma (en el drama de García Lorca):
—No soy triste, es que tengo motivos para estarlo.

Ejercicio 13: Las frases a continuación contrastan el significado de *ser* y el de
estar. Para entender el significado de cada frase, habrá que
inventarle un contexto. Si no entiende alguna frase, pídale a un
hablante nativo que le explique cómo la utilizaría.

1. El gazpacho es frío. *[handwritten: Es una comida que se sirve frío]*
   Esta sopa está fría. *[handwritten: Es la condición de la sopa.]*

2. Los tomates son rojos. *[handwritten: Es el color de tomates.]*
   Este tomate está rojo.

3. Miguelito es insorportable. *[handwritten: ~~o es~~ es en este momento]*
   Miguelín está insorportable. *[handwritten: en general]*

4. Todo fue preparado anoche. *[handwritten: It was prepared]*
   Todo está preparado, señor. *[handwritten: It is ready]*

5. Primero, la carne es troceada. *[handwritten: pero también puedes usar sin carne troceada]*
   Estas patatas están troceadas. *[handwritten: is la el estado de las patatas]*

6. La puerta principal es aquí. *dondé pararnos*
   La puerta principal está por allá. *localización*

◈

Lecturas: *Aplicación de la gramática*

A. Lea *Ella no se fijaba* de Juan José Millás y fíjese en los usos de *ser* y *estar*.

1. ¿Cuál es la función del participio en las combinaciones ...*la sensación de **estar sumergido*** y ...*el día **estaba nublado***?

2. ¿Qué diferencia hay entre la situación en la que el protagonista dice **estoy** *cojo* y la de *no **soy** cojo*?   *↳ adj.*

3. ¿Sería posible usar el otro verbo copulativo en la frase *la sensación de **ser** otro*? ¿O en la frase *Ella **estaba hablando** por teléfono*?

B. Lea *Continuidad de los parques* y luego vuelva al texto y subraye los verbos *ser* y *estar*. Verá que son relativamente pocos (cinco). Se ha sugerido que este uso mínimo de los verbos copulativos se debe a que en un relato tan corto todas las palabras hacen un papel narrativo importante, y *ser* y *estar*, por sus significados poco concretos, no se prestan a llevar mucho peso comunicativo.

Fíjese en la frase "El mayordomo no *estaría* a esa hora y no *estaba*." Aquí se sobreentiende la presencia del locativo *allí*. Es corriente el prescindir del locativo cuando se entiende a qué sitio se refiere.

ser + participio — acción
estar + participio

Capítulo 4

El verbo:
los modos indicativo
y subjuntivo

Para empezar

Ejercicio 1

Traduzca este diálogo al inglés. En muchos casos el subjuntivo español aparece en inglés como un infinitivo, y el contraste modal queda así eliminado.

MAMA: Pili, tu cumpleaños es el 28. ¿Qué quieres que **hagamos** para celebrarlo? *no es cierto si lo hacemos* [mandato indirecto]

PILI: Bueno, podemos invitar a Roberto a que **venga** a cenar. [mand.] *no sé si Roberto quede venir*

MAMA: Muy bien. ¿Qué preparo yo?

PILI: Sabes que siempre me gusta que **haya** una tarta especial, pero aparte de eso no me importa. [Emoción] [condición hipotética]

MAMA: A ver... podríamos servir pescado si no **estuviera** tan caro. [condicional]

PILI: A Roberto le gusta más la carne en todo caso. ¿Por qué no vamos al mercado esa mañana y compramos lo que **tenga** el carnicero a buen precio? *no sé que carne es eso.*

MAMA: De acuerdo. ¿Hacemos también una sopa de pollo?

PILI: Sí, creo que a todos les gusta esa sopa. Y, ¿qué bebemos?

MAMA: ¿Por qué no pides a Roberto que **compre** champán francés? Sus padres son muy ricos. *(lo mismo)*

PILI: ¡Ay, Mamá! No digas eso. Me gustaría Roberto si **fuera** pobre también. *pero Roberto no es pobre* [condicional]

MAMA: Perdona, hija. Sé que Roberto es muy buen chico.

En el inglés moderno no existen desinencias subjuntivas. Después de ciertas expresiones, como en los siguientes ejemplos, se emplea una forma verbal especial. Pero las desinencias especiales no son específicamente subjuntivas, sino que por lo general llevan también otros significados.

They demanded that we **move** by the 15th.

We require that he **appear** in person.

I prefer that she **come** in the morning.

Move aparece aquí en un contexto pasado, aunque el tiempo pasado del verbo es *moved*. *Appear* and *come*, y no las formas *appears* y *comes* de la tercera persona del singular, aparecen con los sujetos *he* y *she*. Evidentemente, para formar el subjuntivo en inglés, se emplean las desinencias de otras formas verbales. Además, se suele evitar este tipo de frase usando en su lugar el infinitivo. Las siguientes frases son de uso más corriente que las anteriores.

They ordered us **to move** by the 15th.

We require him **to appear** in person.

I prefer for her **to come** in the morning.

Por estas razones —porque no hay desinencias específicamente subjuntivas en inglés, y porque los usos modernos del subjuntivo en esta lengua tienen un matiz formal o hasta anticuado— los anglohablantes no están acostumbrados al uso del subjuntivo. ***En español, el subjuntivo es una parte íntegra de la lengua; no es un formalismo facultativo.*** Para hablar bien el español, hay que saber usar el subjuntivo. Y para poder usar el subjuntivo, hay que saber cuáles son sus funciones.

Análisis

A veces, el subjuntivo parece surgir automáticamente como reacción a la presencia de ciertos elementos de la oración. Por ejemplo, el subjuntivo se tiene que utilizar en las siguientes frases.

Le di ese libro para que lo **leyera**.

Quiero que **llegues** a tiempo.

Es increíble que **sea** tan tonto.

En otras frases, sin embargo, el empleo del subjuntivo está ligado a la intención comunicativa del hablante. En las frases que siguen, el indicativo conlleva un significado mientras que el subjuntivo conlleva otro.

Laura quiere casarse con un hombre que **es/sea** honrado.

Cada vez que **viajas/viajes**, te guardo el coche.

Haré lo que tu **dices/digas**.

Nos proponemos en este capítulo explicar lo que tienen en común todos los usos del subjuntivo: los usos automáticos y los usos facultativos. El subjuntivo desempeña un papel semántico dentro de la gramática española. Es decir, la presencia o ausencia del subjuntivo siempre comunica un mensaje significativo, y es este mensaje lo que hay que comprender.

Por supuesto, hay ciertas generalizaciones que podemos hacer sobre la función sintáctica del subjuntivo. El subjuntivo aparece casi siempre en la *cláusula dependiente* o *subordinada* de la frase, mientras que el indicativo aparece allí y también en la *cláusula independiente* o *principal*. Las frases que aparecen a continuación constan de cláusulas independientes. Estas cláusulas se relacionan en cuanto a su tema, pero no dejan de tener un significado propio. Su autonomía semántica se refleja en su independencia sintáctica. Las *conjunciones coordinantes* pero e y sirven para ligar una cláusula independiente con otra.

[Marta llega mañana] [y piensa visitar primero a su padre].

[Lo compraré] [pero no me gusta la idea].

En contraste, puede haber dos situaciones verbales en una frase de desigual estatus. Cuando una cláusula tiene sentido sólo en el contexto de la oración en que aparece, esta cláusula se considera *dependiente*. Es en la cláusula dependiente donde suele aparecer el subjuntivo.

[Eso tiene que hacerse] [para que no se enoje mamá].

[Está en el cajón] [donde lo puse ayer].

Una cláusula dependiente puede identificarse por su posición después de una *conjunción subordinante*, tal como *que*, *cuando*, *donde*, etc.

Ejercicio 2

Subraye las cláusulas dependientes de las siguientes frases, y averigüe si el verbo está conjugado en el subjuntivo o en el indicativo. Tanto el subjuntivo como el indicativo pueden aparecer en las cláusulas dependientes.

1. El hombre que se casa con María es costarricense.
2. Se conocieron cuando estudiaban en la universidad.
3. Hasta que terminen sus estudios, van a vivir allí.
4. Van al hotel donde pasaron su luna de miel los padres de María.
5. Espero que les guste mi regalo de bodas.
6. En cuanto abran el regalo, sabrán que es mío.
7. A María le ofrecí mi vestido de novia, pero buscaba uno que fuera menos formal.

El indicativo —igual que el subjuntivo— puede aparecer en cláusulas subordinadas. Para que aparezca el subjuntivo, tiene que haber una cláusula subordinada, pero también tiene que haber algo más. El factor clave es la intención comunicativa del hablante. El indicativo y el subjuntivo son diferentes *modos* de comunicación; el hablante elige el modo apropiado según las características de la información que desea comunicar. *Si el hablante quiere afirmar lo que dice, utiliza el indicativo. En cambio, si el hablante cree que una proposición no merece su afirmación, utiliza el subjuntivo.* Desde luego, todo lo que comunica se afirma en cierto sentido, pero no todo merece el alto grado de afirmación que se comunica por medio del indicativo. El subjuntivo sirve para comunicar un grado de afirmación menor que el que expresa el indicativo.

El subjuntivo y la información conocida

¿Por qué razón dejaría un hablante de afirmar lo que dice? En primer caso, puede que una proposición sea de menor interés porque ya es conocida. Recuerde el contraste establecido en el Capítulo Preliminar entre la información conocida y la información nueva. Ahora veremos que la información conocida suele expresarse mediante el subjuntivo.

En el siguiente diálogo, aparece dos veces el verbo *casarse*, pero sólo en la primera aparición aporta información nueva.

LOLA: Escucha, tengo una noticia bomba.

PEPE: Dime.

LOLA: Florinda se **casa** en abril.

PEPE: ¡No me digas! Estoy encantado de que se **case**.

Cuando Lola le informa a Pepe que Florinda se va a casar, esta información aparece en la cláusula principal y el verbo está en el indicativo. Cuando a Pepe le toca hacer referencia a esta misma información, ya no hace falta insistir en ella. Por eso, *casarse* aparece por segunda vez en una cláusula subordinada y en el subjuntivo *(se case)*. Lo nuevo que trae Pepe a la conversación es su evaluación de la noticia; por consiguiente, esta evaluación aparece en una cláusula independiente y en el indicativo *(estoy encantado)*.

Algo puede ser conocido no por haberse comentado, sino sencillamente por haber pasado dentro del contexto del discurso. Cuando Mafalda dice *Me alegra que vengas a conocer mi casa,* utiliza el subjuntivo porque no hace falta afirmar la innegable presencia de Susanita. *Alegra*, en cambio, aparece en el indicativo porque Mafalda quiere comunicar su reacción a la visita.

Hay otro motivo también para comunicar un menor grado de afirmación. Puede que todo el mundo sepa algo —o por lo menos eso suponemos. Entonces, no hace falta que se use el indicativo para llamar la atención del oyente. La frase *el hecho de que* generalmente va seguida del subjuntivo porque suele introducir información conocida.

El hecho de que Brasil **esté** en Suramérica no quiere decir que allí se **hable** español.

Ejercicio 3

Para justificar el uso del subjuntivo en cada una de las siguientes frases, hay que escribir un diálogo en el que la frase constituya información conocida. Por ejemplo, la primera frase puede decirse sólo cuando el hablante sabe que algo es caro.

Ejemplo: ¡Es imposible que **sea** tan caro!

(de compras en una tienda elegante)
A: Qué cinturón más bonito.
B: Bonito, sí, pero vale $150.
A: ¡Es imposible que sea tan caro!

1. El que **tuviera** mucho dinero no influyó en su decisión.
2. Me encanta que mis hijos **vivan** cerca de aquí.
3. Siento mucho que su mujer se **encuentre** enferma.
4. Es una lástima que la clase no **valga** la pena.
5. Estamos contentos de que no se **haya** hecho ningún daño.
6. Me da rabia que no me **permitan** ir.
7. Me parece muy mala idea que le **hayas** dicho eso.

[anotaciones manuscritas:]
¿cómo decidió? No sé —tiene mucho dinero
Espero que mis hijos visitar. —Ellos viven solamente 10 minuto de aquí.
¿te gusta la clase? No es muy aburrida
¿A que hora estamos saliendo? Tú no vengas conmigo, pues
¿Qué dices cuando te invite?
Dice que no me gusta él.

Evidentemente, las frases del Ejercicio 3 sólo pueden utilizarse cuando la información de la cláusula subordinada se ha introducido de antemano —en la misma conversación o en otra anterior. En contraste, puede haber frases de dos cláusulas en las que la información de la cláusula subordinada merece ser afirmada. Hay ciertos verbos, como *saber*, *pensar*, *creer* y *parecer*, que típicamente sirven para introducir información que el hablante quiere afirmar.

SARA: Mamá, mira el reloj que he encontrado.

MAMA: Lo siento, hija, pero me parece que **debes** entregárselo a la policía.

SARA: ¿Por qué? Creo que **es** muy bonito.

MAMA: Por eso al dueño también le gustará.

La diferencia entre estas frases y las del Ejercicio 3 radica en la intención comunicativa del hablante. Con el indicativo el hablante afirma algo, y en cuanto desaparece la intención afirmativa, también desaparece el indicativo. Es por esto que *no creer*, *no parecer*, etc. pueden regir el subjuntivo.

No me parece que **debas** entregárselo a la policía.

No creo que **sea** muy bonito.

Ejercicio 4 ██

Complete las respuestas a las siguientes preguntas en el indicativo, puesto que se trata en todos los casos de la afirmación de una idea.

1.   ¿Qué tal esa película?
   Todo el mundo dice que ... *es una adventura*.
2.   ¿Por qué te empeñas en discutir con él?
   Creo que ... *él tiene muchas buenas ideas*.
3.   ¿Cuándo van a llegar los demás?
   Supongo que ... *llegamos a las ocho*.
4.   ¿Por qué tienen Uds. que leer esa novela pesada?
   La crítica considera que ... *es una buena novela*.
5.   ¿No es muy tarde para desayunar?
   Sé muy bien que ... *tanpa hora es*.
6.   ¿Qué opina Ud. sobre los atletas que se drogan?
   Me parece que ... *están estupidos*.

Los tiempos del subjuntivo

El contexto rige no solo el *modo* del verbo subordinado, sino también el *tiempo*. Dado que el tiempo verbal queda establecido en la cláusula principal, no hace falta repitirlo explícitamente en la cláusula subordinada. Así es que hay una variedad temporal mucho más limitada en el subjuntivo que en el indicativo. Hay sólo cuatro formas del subjuntivo: *presente, pasado, presente perfecto* y *pluscuamperfecto*. Hay dos formas del pasado del subjuntivo, una que termina en *-ra* y otra que termina en *-se*. La forma en *-se* se usa con menor frecuencia que la forma en *-ra*, sobre todo en la lengua hablada, y por eso aparece poco en este libro.

Históricamente, hubo un futuro del subjuntivo, que ha dejado de usarse en el lenguaje corriente. El futuro del subjuntivo, que termina en *-re*, se ha conservado en expresiones como *sea como/cual fuere*, y refranes como *Donde fueres, haz lo que vieres*. También se utiliza en el lenguaje legal, que conserva muchas fórmulas anticuadas: *Quien fuere encontrado sin billete será multado*.

Para elegir el tiempo de un verbo conjugado en el subjuntivo, siga el siguiente criterio: cuando el verbo en la cláusula principal está en el presente o en el futuro, se usa el presente del subjuntivo; cuando el verbo en la cláusula principal está en el pasado, se usa el pasado del subjuntivo. En el siguiente diálogo, se pueden ver ejemplos de estas combinaciones. Al leer el diálogo, identifique el tiempo de los verbos indicativos y subjuntivos.

(Marisa conversa con Andrés, su jefe, en la oficina.)

ANDRES: Marisa, **quiero** que Ud. **termine** el proyecto de Cele.

MARISA: Bueno, me interesa el proyecto, pero ¿le **va a decir** a Cele que lo **deje**? No sería correcto que se lo dijera yo.

ANDRES: Siempre me **ha sorprendido** que se **preocupe** por Cele. Sabe de sobra que es un irresponsable.

MARISA: Al contrario, es que Ud. le **pidió** que **hiciera** dos cosas a la vez.

ANDRES: Me **parecía** conveniente que se **esforzara** un poco.

MARISA: Pero antes le **había aconsejado** que no **trabajara** demasiado.

ANDRES: ¡Por Dios! Eso fue hace dos años cuando estaba enfermo.

Las formas perfectas del subjuntivo se usan para hacer referencia a situaciones verbales terminadas antes de otra situación verbal en el presente o en el pasado. La continuación del diálogo ofrece unos ejemplos:

MARISA: Bueno, dejémoslo. **Estoy** orgullosa de que me **haya dado** esta responsabilidad.

ANDRES: Francamente, **temía** que se **hubiera cansado** con lo de Centrex. Esperaba su negativa.

La generalización ejemplificada en el diálogo arriba no llega a ser una 'regla' porque puede haber excepciones. Puede ser que una situación acabada en el pasado produzca una reacción en el presente. En tal caso, un pasado del subjuntivo puede aparecer con un verbo principal conjugado en tiempo presente:

MARISA: Me **halaga** que **pensara** en mí para el proyecto, y no quiero defraudarlo.

Ejercicio 5

A cada frase agregue una cláusula dependiente con un verbo en subjuntivo. Según lo expuesto anteriormente, decida qué tiempo del subjuntivo debe usarse.

1. No nos importaba en lo más mínimo que ... *él terminara la tarea.*
2. Me da pena que ... *tú ~~estés~~ ganes.*
3. Parece mentira que ... *esté pobre.*
4. Es interesantísimo que ... *trabaje en el gobierno.*
5. Fue un milagro que ...
6. ¡Qué bien que ... *hable con su familia*
7. No me parecía razonable que ... *fueres tan antisimpático.*
8. Voy a pedir que ... *venga conmigo.*

El subjuntivo y la información no verídica

Hasta el momento, hemos analizado frases en las que el subjuntivo aparece junto con información conocida. Pero hay también otra justificación para el uso del subjuntivo, otra clase de información que merece un menor grado de afirmación. Cuando en una cláusula subordinada se habla de información no verídica, se usa el subjuntivo para marcar esta información. Este uso del subjuntivo se debe a que el hablante no puede afirmar algo que no es verdadero.

En algunos casos, la cláusula principal señala claramente que la información en la otra cláusula no es fiable:

razón #6

No es verdad que todos los jóvenes **sean** roqueros.

Es posible que Sally **quisiera** hijos pelirrojos. *(Ulibarrí)*

En otros casos, la información en la cláusula subordinada no se ha realizado dentro del marco temporal establecido por el verbo principal, y por no haber llegado a ser real dentro de ese marco aparece en el subjuntivo:

razón 3

Lo haré cuando no **estés** en casa.

razón #1

Querían que **dejáramos** el apartamento antes del día 15.

El carácter *dependiente* del subjuntivo se ve claramente en este tipo de frase. Observe que la realidad de la situación dependiente se juzga desde el punto de vista de la cláusula principal. Es decir, una situación dependiente se evalúa con respecto al verbo principal. Así es que se sigue usando el subjuntivo aún cuando se sabe que la situación dependiente por fin se ha realizado:

Querían que **dejáramos** el apartamento, y lo hicimos.

Durante el tiempo en que se realizaba el verbo principal (*querían*), todavía no se había realizado el verbo subordinado (*dejáramos*), y este desfase produce el uso del subjuntivo.

Ejercicio 6

Lea el siguiente diálogo, y explique por qué la información contenida en las cláusulas subordinadas puede ser incierta o poco fiable.

PROFESOR: ¿Qué quieres, Verónica?

VERONICA: Profesor, nos dijo que le **entregáramos** el trabajo *subj.* *#1* sobre el catalán el viernes, pero no puedo. No conozco a nadie que **hable** esa lengua. *no sé si es esta persona no existe*

cláusula negativa *#6*

PROFESOR: Bueno, eso no quiere decir que no **puedas** encontrar información en la biblioteca. *es una posibilidad*

VERONICA: Pero es posible que unos amigos me **presenten** a un catalán este fin de semana. Podría entrevistarle y entregar el trabajo el lunes.

PROFESOR: Mira, no creo que **sea** necesario entrevistar a nadie. Pero si te empeñas en esto de la entrevista, te presentaré ahora al profesor Pons para que le **hagas** algunas preguntas. Prefiero que todos **entreguen** el trabajo el mismo día.

Propósito *#1*

VERONICA: Bueno...

Ejercicio 7

Complete las frases con una cláusula que contenga un verbo en el subjuntivo.

✓ = razón por subj.

1. No quiero comprar éste. Prefiero uno que ... ~~tenga~~ *sea azul.*
2. Evangelina es muy poco responsable. Por eso me pareció poco probable que ... *se olvide ir*
3. Eres muy joven y te aconsejo que ... *piense antes de hablar*
4. El abuelo fue muy religioso y siempre exigió que ... ~~en~~ *vaya al catedral*
5. Es difícil imaginarlo, pero te aseguro que todo será diferente cuando ... *tenga* ~~ou~~ *trienta años*
6. Ahora no te puedo decir nada, pero cuando ..., te lo contaré todo. *tú veas para su mismo*
7. De niña era muy tímida y temía que ...

Hay ciertas conjunciones (p. ej. *para que* y *antes de que*) que siempre aparecen seguidas del subjuntivo, y otras (p. ej. *hasta que* y *después de que*) que aparecen seguidas del subjuntivo sólo a veces. Desde luego, se puede aprender de memoria las conjunciones que pertenecen a cada grupo, pero así se corre el riesgo de recordar mal y confundir las dos clases. Es más efectivo si se aprende por qué el subjuntivo debe emplearse en ciertos casos. *Para que* y *antes de que* rigen el subjuntivo por razones semánticas: su significado establece una relación temporal entre las dos cláusulas según la cual la proposición subordinada es irreal durante el transcurso temporal de la proposición principal.

Te digo esto (anterior) para que no **sufras** (posterior).

...debo librarme también de este otro estorbo (anterior) antes de que me **arruine** el final de las vacaciones (posterior). *(Díaz Grullón)*

La relación establecida por las conjunciones *hasta que* y *después de que*, por otro lado, permite afirmar las dos proposiciones, si es que éstas se han realizado.

Se casaron (posterior) después de que se **terminó** la guerra (anterior).

Vivieron allí hasta que se **jubiló** papá (las dos situaciones coinciden).

Sólo al hacerse una referencia al futuro, aparece el subjuntivo con estas conjunciones.

Te lo explicaré después de que se **vayan** los invitados.

Esto tiene que servir hasta que **podamos** reemplazarlo.

Ejercicio 8

Basándose en el significado de cada conjunción y en la relación que establece entre las cláusulas, decida si el subjuntivo tiene que usarse. Luego, complete todas las frases.

1. Se lo aconsejé a fin de que ... =para que
2. Quiero que me ayudes mañana cuando ... devuelva
3. No te vamos a dejar conducir hasta que ... te encuentre
4. Sólo pudo terminar el trabajo después de que ... vaya a la biblioteca
5. Mi abuelo vino a este país antes de que ... tenga 10 años
6. Te voy a ayudar con esto para que ... esté terminado más temprano
7. Antes de que ..., necesito que me lo devuelvas.
   me llames

El subjuntivo y los mandatos

Como bien se sabe, los mandatos —a excepción de los mandatos afirmativos para *tú* y *vosotros*— tienen la forma del presente del subjuntivo. Por ejemplo, *vengas* es la forma del presente del subjuntivo que corresponde a *tú*, y también se utiliza como el mandato negativo: *no vengas*. ¿Cómo se explica el doble uso de estas formas verbales?

Hay que pensar en el contexto comunicativo del mandato: el hablante le comunica al oyente "quiero que Ud. haga algo," sin que se pronuncien en muchos casos las primeras palabras de la fórmula. En el momento en que se emite un mandato, éste todavía no se ha cumplido, de la misma manera que el verbo subordinado *haga* no se ha realizado con respecto al verbo principal *quiero*. Por eso, no se puede afirmar nada sobre la realización del verbo subordinado; lo único que se afirma es que el hablante quiere que esta situación se realice. De aquí que los mandatos comparten la morfología del subjuntivo.

Ejercicio 9

Lea las siguientes descripciones, y escriba un mandato negativo y uno afirmativo para cada situación. La forma del mandato (singular o plural, formal o familiar) dependerá de la situación.

1. Está Ud. en una tienda y quiere comprar unos pantalones muy caros. Su madre le aconseja — *cómprelos*

2. La madre de Felipe está preparando la cena, y ve a Felipe comiendo dulces. Le dice — *ponga la mesa*

3. El hermanito de Carolina tiene un libro suyo. Carolina no quiere que lo rompa y le dice — *cuídalo*

4. Ud. va con sus amigos a un partido de fútbol y quiere llegar temprano para encontrar buenos asientos. Les dice —

5. Luisa ha sacado malas notas. Sus padres le dicen —

6. El conductor del ómnibus escolar no ha parado para recoger a Laura. Sus compañeros le gritan —

7. Después de muchas horas de estudio, Ud. todavía no entiende el subjuntivo. Le dice a la profesora — *explíqueme*

La función sintáctica de la cláusula subordinada

Tradicionalmente, se analiza el subjuntivo con base a la función sintáctica de las cláusulas en las que aparece. Este tipo de análisis es una alternativa al análisis semántico que venimos desarrollando. Veamos qué puede aportar el análisis sintáctico a lo que se ha comentado hasta el momento.

El subjuntivo aparece en cláusulas nominales, adjetivas y adverbiales, es decir, en cláusulas que desempeñan la función de sustantivos, adjetivos y adverbios. Las cláusulas adjetivas modifican sustantivos; las cláusulas adverbiales modifican verbos, adjetivos u otros adverbios; y las cláusulas nominales hacen el papel de sustantivos.

Las siguientes frases, que ya han servido de ejemplos en este capítulo, ejemplifican estas posibilidades. Observe que los tres tipos de cláusula admiten verbos conjugados tanto en el indicativo que en el subjuntivo.

<ADJETIVO>   El hombre <que se **casa** (I) con María> es costarricense.

Van al hotel <donde **pasaron** (I) su luna de miel los padres de María>.

Buscaba uno <que **fuera** (S) menos formal>.

No conozco a nadie <que **hable** (S) esa lengua>.

<ADVERBIO>

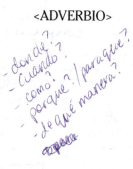

Se casaron <después de que se **terminó** (I) la guerra>. *¿cuando?*

<Cada vez que **viajas** (I)>, te guardo el coche. *¿cuando?*

Lo haré <cuando no **estés** (S) en casa>. *¿Cuando?*

Le di ese libro <para que lo **leyera** (S)>.

<SUSTANTIVO>

Creo <que **es** (I) muy bonito>.

Me parece <que **debes** (I) entregarlo a la policía>.

Me encanta <que mis hijos **vivan** (S) cerca de aquí>.

Nos dijo <que le **entregáramos** (S) el trabajo el viernes>.

Tal como se puede deducir de todos estos ejemplos, el subjuntivo aparece en cláusulas adjetivas cuando la cláusula modifica un sustantivo o pronombre desconocido, es decir, cuando no se puede afirmar cuáles son las cualidades del antecedente. El subjuntivo aparece en cláusulas adverbiales cuando la cláusula hace referencia a una circunstancia desconocida o irreal. Y el subjuntivo aparece en cláusulas nominales cuando la entidad no existe o cuando se refiere a algo conocido y por lo tanto de poco interés. No le interesa al hablante en ninguno de los dos casos nominales afirmar la existencia de la entidad. Así es que los hechos sintácticos confirman el análisis semántico.

Ejercicio 10

Decida cuál es la función sintáctica de la cláusula subordinada en las siguientes frases. Las primeras tres frases ya se han hecho para que sirvan como modelos.

1. Pasa el pan a la persona <que tenga el cuchillo>. Esta cláusula modifica al sustantivo *persona*, de la misma manera que lo podría modificar el adjetivo *morena*, por ejemplo (*la persona morena*). Es una cláusula adjetiva.

2. No me di cuenta de <que hubiera cambiado tanto>. Esta cláusula sirve como complemento de la preposición *de*, y es por lo tanto nominal. Por esta cláusula se podría sustituir el pronombre *eso*, por ejemplo (*de eso*).

3. Lorenzo quería estar <donde estuvieran sus compañeros>. Esta cláusula modifica toda la situación verbal, o sea que es adverbial. Por esta cláusula se puede sustituir el adverbio *aquí*, por ejemplo (*estar aquí*).

adv. 4. <Cuando vuelva de la oficina>, le ofreces una copa.

adj. 5. El estudiante <que haya usado mi libro>, que me lo devuelva.

sust. 6. Dice el jefe <que venga temprano>.

adv. 7. No lo compro <porque sea caro>.

El indicativo y el subjuntivo con *si*

Obviamente, el significado de la palabra *si* elimina la posibilidad de que se pueda afirmar el contenido de la cláusula que le sigue. Sin embargo, el contraste modal puede funcionar en estas cláusulas para afirmar o negar una posible relación con la cláusula principal. ***Cuando hay una relación causativa entre la cláusula subordinada y la principal, se usa el indicativo para afirmar esta relación.***

Si **llegas** a tiempo, podemos ir al cine.

No se sabe si el oyente va a llegar a tiempo, pero se puede afirmar que de eso depende el ir al cine. En contraste, cuando es imposible afirmar este tipo de relación, se usa el pasado del subjuntivo en la cláusula subordinada.

Si **llegaras** a tiempo, podríamos ir al cine.

Aquí, se sabe que el oyente no va a llegar a tiempo y que por consiguiente no van a ir al cine. En la cláusula principal se usa el condicional, una forma verbal que expresa un grado mínimo de afirmación (véase el Capítulo 1).

Ejercicio 11

¿Qué diferencia hay en el significado en los siguientes pares de frases? Habrá que inventar un contexto para cada situación.

1. Si hoy es lunes, tenemos un examen.
   Si hoy fuera lunes, tendríamos un examen.

2. I Si lo has perdido, no se puede hacer nada.
   S Si lo hubieras perdido, no se podría hacer nada.

3. I Si quiero comprar algo, lo compro. *F siguiere siempre*   *Si = whenever anytime*
   S Si quisiera comprar algo, lo compraría.

4. I Si hacía buen tiempo, íbamos al parque.
   S Si hubiera hecho buen tiempo, habríamos ido al parque.

El uso del subjuntivo en cláusulas principales

Imp. del subj. para :

- QUERER
- DEBER
- PODER

Suavizando el impacto

Se ha dicho anteriormente que el subjuntivo casi siempre aparece en la cláusula dependiente. En algunos casos, sin embargo, el subjuntivo puede aparecer en la cláusula principal. El pasado del subjuntivo en **-ra** se usa en la cláusula principal de ciertas expresiones de cortesía.

¿Qué **quisiera** comer? *(Ulibarrí)*

Debiera Ud. volver a llamar.

El hablante que emite estas frases cree que el oyente le merece tanto respeto que no puede hablarle de una manera demasiado insistente. Así es que elige el modo verbal que se caracteriza por una falta de afirmación por parte del hablante.

El subjuntivo también se usa en la cláusula principal cuando un adverbio inicial indica que la información siguiente no es fiable.

Tal vez ella se **hubiera** quedado ciega... *(Millás)*

Acaso no **estemos** bien vestidos.

Hoy día, el pasado del subjuntivo aparece con frecuencia en frases condicionales en lugar del condicional, sobre todo en el lenguaje hablado. Este uso del subjuntivo sirve para subrayar la no-realización de la situación verbal principal.

Si hubiera hecho buen tiempo, **hubiéramos** ido al parque.

En estos casos, se ve claramente que *el subjuntivo es el modo de la no-afirmación*. Esta generalización semántica sirve para explicar todos los datos que hemos examinado, aún cuando los hechos sintácticos son excepcionales. *La morfología modal se usa para modular el grado de afirmación con el que se expresa el hablante y, como resultado, para modular la reacción del oyente a su mensaje.*

If it was good weather, we

Más práctica

Ejercicio 12: Conjugue los verbos indicados en el subjuntivo o en el indicativo según su significado y contexto. Observe que en cada contexto —es decir, en cada párrafo— se puede repetir información sin repetir las mismas palabras, y la repetición viene a ser información conocida.

MI SUEÑO DORADO

Si yo **poder** vivir en cualquier parte del mundo, viviría en Nuevo México. A mucha gente del norte, no les parece bonito el paisaje de esta región, y de cierta manera es comprensible que les **parecer** feo. Pero no es que **ser** feo, es que allí se **ver** muy poca vegetación. Como **llover** muy poco, es lógico que no **haber** muchos árboles. Pero, "no hay mal que por bien no venga," y todo clima tiene sus ventajas. En Nuevo México habrá poca agua, pero el sol **brillar** casi todos los días. Es raro que **pasar** dos días sin sol —en cambio, aquí en el norte es normal tener dos semanas sin sol. Bueno, ya basta de quejarme. Voy a averiguar qué tengo que hacer para que **poder** vivir allí. Y cuando **ser** posible, me voy para Nuevo México.

(anotaciones manuscritas: pudiera, comentario, parezca, sea, no afirm, reacciona a una negatividad, ve o fum, haya, comentario, llueve, brilla, pasen, pueda, sea)

JUAN CARLOS I, REY DE ESPAÑA

En Estados Unidos, muchos pensamos que los reyes **ser** gente frívola. Y aunque hay gente europea que piensa lo mismo, también hay quienes reconocen la posibilidad de que la monarquía **hacer** un papel importante en el mundo moderno. Por ejemplo, al Rey de España, don Juan Carlos de Borbón, se le considera uno de los arquitectos de la España moderna. El haber sabido complacer a los militares durante los años después de la muerte de Franco, sin permitir que **impedir** la formación de un gobierno socialista, es prueba de su astucia. Durante el "Tejerazo" (el golpe de estado organizado por Tejero), el Rey supo manejar la opinión pública y aislar a los derechistas. Esto no quiere decir que el Rey **ser** socialista. No se sabe cuáles son sus verdaderas opiniones políticas, pero se supone que éstas tirar por lo conservador. Pero por conservador que **ser** el Rey, su imagen pública es la de un hombre llano y servicial que siempre apoyará al gobierno que **tener** el poder constitucional.

Ejercicio 13: Traduzca la siguiente carta al español, usando el subjuntivo en todas las cláusulas subordinadas. Fíjese que los verbos en inglés no llevan una desinencia única que corresponda al subjuntivo en español. Observe también que la conjunción *that* puede suprimirse en algunos casos; en cambio, la conjunción *que* nunca puede suprimirse en español.

Dear Mom,

I only have time for a note before we leave for Colorado. I'll call you after we get there. We hoped (that) Mary would be able to go with us, but she has to work. As a teacher, I'm always surprised (that) people have to work in July! She's glad (that) we invited her anyway. We'll look up Aunt Doris when we go through Toledo.

Love,

Susan

Ejercicio 14: Hay dos diálogos en este capítulo en los que aparecen muchos verbos en el subjuntivo —uno entre Mamá y Pili, y otro entre Andrés y Marisa. Vuelva a leer los diálogos, y diga porqué se emplea el subjuntivo en cada caso.

Ejercicio 15: En las frases del Ejercicio 10, se puede usar el indicativo en lugar del subjuntivo en cada una de las cláusulas subordinadas. Pero, por supuesto, el significado de la frase cambia con la elección modal; el indicativo se usa para expresar afirmación y el subjuntivo para expresar no-afirmación. ¿Cuál es el cambio de significado en cada caso?

Ejercicio 16: Localice los verbos conjugados en el subjuntivo en los siguientes dibujos. ¿Cuál es la función sintáctica de las cláusulas que contienen estos verbos en el subjuntivo?

Lecturas: Aplicación de la gramática

A. Lea *Agueda* y subraye todos los verbos conjugados en el modo subjuntivo. Como el cuento se narra en el pasado, los subjuntivos también aparecen en el pasado. Verá que se emplean las dos formas del pasado del subjuntivo: la forma en **-ra** y la forma en **-se**. Pero, a diferencia del uso corriente, en este cuento se usa principalmente la forma en **-se**. *Agueda* apareció en el año 1900, y se le nota un tono decimonónico. Hoy día la forma en **-ra** ha llegado a ser la forma dominante en casi todos los dialectos. Sin embargo, la forma minoritaria en **-se** sigue usándose, lo que se puede comprobar al leer los otros cuentos.

B. Lea *Continuidad de los parques* y subraye los verbos en el subjuntivo. Sólo en tres ocasiones se utilizan verbos en el subjuntivo, y dos de estos aparecen en la sección introductoria:

Arrellanado en su sillón favorito, de espaldas a la puerta que lo **hubiera** molestado como una irritante posibilidad

> de intrusiones, dejó que su mano **acariciara** una y otra vez
> el terciopelo verde y se puso a leer los últimos capítulos.

Aquí, la posibilidad de una intrusión es sugerida pero no afirmada. Es por "la puerta que lo hubiera molestado como una irritante posibilidad de intrusiones" que va a entrar el intruso fatal; esta cláusula subordinada prefigura el final del cuento.

El verbo *acariciara* presagia las caricias de los amantes novelísticos. Y, reflexivamente, las caricias de los amantes hacen pensar en el marido que está leyendo la novela:

> Hasta esas caricias que enredaban el cuerpo del amante... dibujaban abominablemente la figura de otro cuerpo que era necesario destruir.

El mismo verbo, *acariciara*, se repite en la segunda parte del cuento:

> El doble repaso despiadado se interrumpía apenas para que una mano **acariciara** una mejilla.

La repetición de este verbo sirve para enlazar el mundo del cuento y el de la novela, poco antes de que se fundan en el texto. ¿Puede identificar otros recursos de los que se vale Cortázar para ligar el mundo del marido-lector con el de los amantes-personajes?

Capítulo 5

La interacción de verbos y sustantivos: la participación de las entidades en la situación verbal

◇◆◇◆◇◆◇◆◇◆◇ *Para empezar* ◇◆◇◆◇◆◇◆◇◆◇

Ejercicio 1

Vuelva a leer el apartado del Capítulo Preliminar sobre el sustantivo y el verbo (pág. 4). Hay que tener presente esta información para seguir el argumento desarrollado en este capítulo.

El verbo es el nombre de una situación, y el sustantivo es el nombre de una entidad. Las situaciones son el resultado de la acción y la interacción de las entidades. Las entidades participan en las situaciones de muchas maneras: pueden dirigirlas o experimentarlas, iniciarlas o sentirlas, etc. En este capítulo, vamos a ver que *aunque hay una infinidad de posibles combinaciones de verbos y sustantivos, estas combinaciones responden a ciertos patrones*. Estos patrones son la expresión lingüística de la organización de situaciones prototípicas. Así es que las categorías que se llaman *agente* y *complemento* no son invenciones gramaticales, sino que dan nombre a modalidades generales de la acción y la interacción de las entidades.

El verbo es el núcleo de la frase. Tanto es así que en español un verbo conjugado puede constituir una oración completa. *El papel desempeñado por el sustantivo en la oración se define con respecto al verbo y con respecto a las otras entidades que participan en la situación verbal.*

La gran mayoría de las oraciones constan de un núcleo verbal y por lo menos un sustantivo participante. Sin embargo, hay oraciones en español que son puramente verbales. En la frase *Está nevando* no hay ninguna entidad que tenga una realidad propia independiente de la situación verbal. La misma nieve forma parte de un proceso cambiante. Observe que el verbo *nevar* y verbos parecidos como *tronar* y *llover* sólo se conjugan en la tercera persona del singular; estos verbos no muestran una conjugación completa porque carecen de la participación nominal que imponga dicha conjugación.

En el otro extremo está el verbo *haber* (el verbo presentativo, no el auxiliar), que sirve únicamente para presentar un sustantivo: *Hay vino*. En este tipo de oración, la situación verbal es sumamente abstracta, y no se puede decir realmente que el sustantivo 'participe' en ella. El sustantivo, y no la situación, es el foco de interés. Por consiguiente, el verbo carece de las formas que corresponden a las personas primera y segunda.

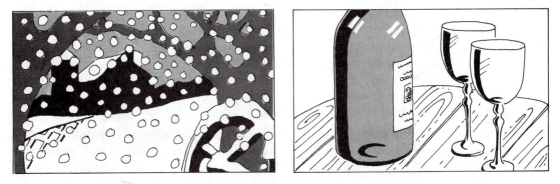

Está nevando   Hay vino

medieval *moderno*
ha ahí = hay

Los verbos *nevar* y *haber*, sin embargo, son verbos atípicos. En el caso típico, las entidades que participan en la situación verbal complementan al núcleo verbal y se complementan mutuamente. La importancia de estos elementos complementarios es tal que los verbos pueden clasificarse según el número de entidades que participan en las situaciones que nombran.

Verbos de 0 participantes: nevar, tronar, llover, etc.

Verbos de 1 participante: caminar, dormir, vivir, etc.

Verbos de 2 participantes: pintar, hacer, romper, etc.

usa sujeto
usa sujeto y objeto

Verbos de 3 participantes: vender, dar, decir, etc.

En el caso de los verbos de un participante, no hay ninguna otra entidad implicada en o afectada por la situación verbal. **Los verbos de un participante (o argumento) se denominan verbos intransitivos,** un término que significa que la acción del verbo no pasa a otra entidad.

Los verbos de dos o tres participantes (o argumentos) se denominan verbos transitivos. Para que haya una situación transitiva, tiene que haber más de un participante: se hace *algo*, se da *algo* a *alguien*, etc. Ahora bien, no hace falta que todos los participantes se nombren; se puede decir *Hiciste bien* o *Dame* sin hacer mención de la otra entidad complementaria. Pero la participación de las entidades complementarias forma parte de la definición del verbo transitivo, y determina su comportamiento sintáctico.

0: helar, oscurecer, ~~nevar~~
1: sonar, nacer, ~~llover~~
2: comer, ver, mirar
3:

Ejercicio 2

Agregue tres verbos más que ejemplifiquen cada categoría de verbo.

Análisis

El sujeto y el agente

En español, todo verbo conjugado tiene un ***sujeto***. ***El sujeto cumple una función sintáctica: rige la persona y el número de la desinencia verbal.*** El sujeto puede ser una entidad puramente gramatical, como en el caso de la frase *Está nevando*, donde el sujeto no corresponde a ninguna entidad concreta. En contraste, el sujeto puede participar en la situación verbal de una manera muy real. Puede ser la entidad que inicia una acción, como el sujeto *yo* de la frase *Yo abrí la puerta*. O, el sujeto puede ser la entidad que recibe la acción, como el sujeto *las casas* de la frase *Las casas fueron pintadas*. Puesto que todos estos sujetos determinan la persona y el número del verbo, se dice que el sujeto cumple una función sintáctica. Pero el sujeto de la frase no cumple una sola función semántica; no se limita a una modalidad u otra de participación con respecto a la situación verbal.

En algunos casos, la entidad que hace el papel de sujeto puede aparecer en forma pronominal. ***El pronombre se define tradicionalmente como la palabra que reemplaza al sustantivo,*** tal como el pronombre *él* reemplaza al sujeto *José* en la siguiente frase.

José es actor.

Pronominalización: El es actor.

En el caso del pronombre *yo*, sin embargo, no se trata de una sustitución. Este pronombre no reemplaza a ningún sustantivo; sencillamente, lo utiliza el hablante para hacer referencia a sí mismo, la primera persona. Si el hablante usara su propio nombre en lugar de *yo*, tendría obligatoriamente que conjugar el verbo en tercera persona: *Te habla Mario Pérez* en lugar de *Te hablo yo*, por ejemplo. De la misma manera, el hablante utiliza el pronombre *tú* para hacer referencia a la persona con quien habla, la segunda persona, sin que este pronombre sustituya tampoco a ningún sustantivo.

Se puede hablar de un pronombre en el sentido estricto sólo en la tercera persona, cuando se hace referencia a entidades ajenas al hablante y al oyente. En la primera y la segunda personas, la práctica ha impuesto el uso del término 'pronombre,' pero hay que reconocer que no se trata en estos casos de la sustitución de un nombre por un pronombre.

En español, el número y la persona del sujeto se identifican en la desinencia verbal; es por esto que un verbo conjugado puede formar una frase completa. En el caso de las formas correspondientes a *yo* y *tú*, la identidad del sujeto es indiscutible. Sin embargo, el pronombre sujeto puede usarse para enfatizar esta identificación, sobre todo si se trata de información nueva en el discurso. Por ejemplo, a la pregunta *¿Quién hizo esto?* hay que responder *Lo hice **yo**,* porque *yo* constituye la respuesta a la pregunta.

En el plural de las personas primera y segunda, puede haber confusión en cuanto a la identificación del referente de *nosotros*, que significa *yo* + otra(s) persona(s), y *vosotros*, que significa *tú* + otra(s) persona(s). En estos casos, el sujeto expreso puede hacer un papel clarificador.

CLARA: Adiós, Marta, hasta la semana que viene. Nos vamos de vacaciones.

MARTA: ¿Quiénes van a ir? (Marta quiere saber quiénes son 'nosotros')

CLARA: Todos nosotros —Jorge y los niños y yo.

MARTA: Pensaba que iban a dejar a los niños con tu suegra.

CLARA: Sí, pero la pobre no se encuentra bien, así que vamos todos a la playa.

En la tercera persona, la identificación del sujeto puede ser más difícil, porque hay una multiplicidad de posibles candidatos, y porque *usted* y *ustedes* se refieren a la segunda persona aunque rigen desinencias de tercera persona. (Esta anomalía se debe a razones históricas.) Como resultado, es corriente que los pronombres *usted* y *ustedes* se usen con el verbo para indicar que el sujeto del verbo es segunda persona, y que *él, ella, ellos* y *ellas* se usen cuando puede haber confusión sobre la identidad del sujeto.

—¡Ella no me ha dicho nada claro, pero de la forma que ha tenido de no decir nada, me he dicho que tenía algo que decir sobre lo que se decía del tema que ella nos había dicho que él le había dicho!

PRONOMBRES SUJETO					
1ª sg.	1ª pl.	2ª sg.	2ª pl.	3ª sg.	3ª pl.
yo	nosotros	tú (vos) Ud.	(vosotros) Uds.	él ella	ellos ellas

Los pronombres *vos* y *vosotros* aparecen aquí entre paréntesis porque no se utilizan en todos los dialectos del español. *Vos* se utiliza en lugar de *tú* o como una variante íntima de *tú* en aproximadamente 40% de los dialectos americanos. En muchos de estos dialectos, sin embargo, el voseo se limita a la lengua hablada, y por eso el pronombre *tú* sigue considerándose el estándar. *Vosotros* es el plural de *tú* en la gran mayoría de los dialectos de España; en América, el plural de *tú* (o *vos*) es *ustedes*.

La entidad que inicia o dirige una acción desempeña el papel central en estas situaciones verbales. El término **agente** identifica esta entidad central. El agente suele ser una entidad animada, porque son estas entidades las que reúnen las cualidades necesarias para dirigir las acciones.

En español, el agente no lleva una morfología especial, pero hay una correlación entre el sistema pronominal y la agentividad. Los pronombres sujeto pueden sustituir únicamente a entidades animadas, o sea a las entidades que suelen hacer el papel de agente. Esto quiere decir que las entidades inanimadas no pueden sustituirse por un pronombre sujeto.

Este aparato no funciona bien.
Pronominalización: No funciona bien.

Las filosofías orientales están de moda.
Pronominalización: Están de moda.

En ciertas frases, la entidad que funciona semánticamente como el agente funciona sintácticamente como el sujeto de la frase. Este tipo de frase se llama *activa*.

Los expertos dirán que esto no es posible. *(Ulibarrí)*

Yo me asomé por encima de su hombro... *(Díaz Grullón)*

En otras frases, la entidad que sirve de sujeto no produce o inicia la acción, sino que la recibe. En estas frases, lógicamente, el sujeto y el agente no coinciden. Este tipo de frase se llama *pasiva*.

Todos eran recibidos con alegría y cortesía y servidos con todas las atenciones. *(Ulibarrí)*

Cada centímetro de la mesa había sido tocado muchas veces. *(Puértolas)*

Y hay otras frases en las que el verbo no señala ninguna acción, eliminando la posibilidad de que haya un agente.

No me gustan las ventanas. *(Millás)*

Era una muchacha rubia, angulosa. *(Baroja)*

Ejercicio 3

Mili es el sujeto de todas las frases abajo. Aunque la palabra *Mili* cumple la misma función sintáctica en estas frases, Mili —la persona— desempeña varias funciones con respecto a las varias situaciones verbales. ¿Cuáles son las frases en que hace el papel de agente?

Ayer, Mili preparó una cena muy elegante para los padres de Paco, su nuevo novio. No fue a la oficina y se quedó todo el día en casa. Por no estar en el trabajo fue elegida representante al comité laboral, un verdadero calvario. Y para colmo de males, no les cayó bien a los padres de

Paco. Habló largamente durante la sobremesa en contra de
la política, la afición de don Francisco. Luego, durante la
noche se enfermó —una enfermedad nerviosa, seguro.

Los complementos verbales

La acción verbal muchas veces tiene un efecto que va más allá de
la entidad que la inicia. Cuando una situación verbal produce un
efecto en una entidad, esta entidad también participa en ella,
aunque de una manera receptiva y no activa. ***La entidad que
recibe directamente los efectos de la acción se llama el
paciente.*** El paciente hace un papel en las situaciones verbales de
dos o tres participantes.

Cuando el agente desempeña el papel sintáctico de sujeto, el
paciente desempeña el papel sintáctico de ***complemento (u
objeto) directo***. Las categorías de agente y paciente son categorías
semánticas: se definen con referencia a la función de las entidades
en la situación verbal. Las categorías de sujeto y objeto directo, en
contraste, son categorías sintácticas.

La gran mayoría de los pacientes son entidades inanimadas. De
hecho, esto es lo se esperaría al pensar en lo que hacen —o no
hacen— los pacientes. Estas entidades se caracterizan por no
tomar parte activa en las situaciones verbales.

ENRIQUE: ¿Qué hay de comer?

CARIDAD: ¿Quieres comer **algo ligero**?

ENRIQUE: Sí, antes del segundo plato.

CARIDAD: Ah, ya veo. Pues, voy a corregir **este párrafo**, y
entonces preparo **la comida**.

ENRIQUE: No puedo esperar. Vamos, deja **eso** y te invito a
comer fuera.

Las entidades que hacen el papel de objeto directo en este diálogo
completan, o complementan, la acción: para *comer* hay que poner
algo, etc. Y estos objetos directos son inactivos; ni inician ni
dirigen la acción. La inactividad del objeto directo es una característica de las entidades inanimadas, que constituyen el objeto
directo prototípico.

Sin embargo, la función cumplida por el objeto directo puede
ser cumplida por una entidad animada, siempre que la participación de esta entidad sea inactiva.

El campeón noqueó al **joven boxeador**.

Mucha gente quiso adoptar a **los niños huérfanos**.

Las entidades animadas tienen una capacidad innata para iniciar o dirigir las situaciones verbales. Esta capacidad, sin embargo, no tiene que ejercerse y bajo ciertas circunstancias no puede ejercerse. El joven boxeador no puede defenderse contra el campeón, por ejemplo, y los niños huérfanos no pueden hacer nada para que se les adopte.

Como las entidades animadas son objetos directos atípicos, llevan una marca cuando cumplen esta función. Esta marca es la *a acusativa*. (La palabra *acusativo* viene de la denominación latina para el complemento directo.) La *a* acusativa sirve para identificar el paciente y, por un proceso de eliminación, para identificar el agente.

Ejercicio 4

Para poder investigar cómo funcionan las entidades animadas cuando hacen el papel de paciente, hay que tener muchos datos. Agregue 5 frases que tengan objetos directos animados a la lista que sigue. Luego, con sus compañeros de clase, expliquen por qué es que estas entidades animadas no participan activamente en estas situaciones.

1. Me costó media hora despertar a **mi compañero de cuarto**.
2. Ese Juanito siempre pega a **los demás niños**.
3. Ana tiene la costumbre de besar a **sus padres** cuando los saluda.
4. Despidieron a **la cajera** porque robaba dinero.
5. Tapa al **nene** para que no se resfríe.
6. Hablaba ~~con su niño~~ este semana.
7. Se llama a Tracey ayer.
8. La noche pasada, lo compré la comida
9.
10.

Un objeto humano poco individualizado no suele aparecer acompañado de *a*, porque su condición indefinida lo incapacita para la agentividad.

Vimos **muchísima gente** en la calle durante la fiesta mayor.

Tampoco tiene que ser el paciente una entidad animada para que aparezca marcada con la *a* acusativa —aunque será animada en la mayoría de los casos. Hay frases en que cualquiera de dos entidades podría ser el agente, y la *a* acusativa sirve para marcar la que no lo es.

El árbol apoya a **la pared**.

La *a* acusativa es una pista que ayuda a distinguir entre los participantes en la situación verbal. Otra pista la constituye la reduplicación pronominal del objeto directo cuando éste aparece delante del verbo.

...**el Llano** no **lo** queríamos. *(Rulfo)*

El complemento directo (en su forma nominal, no pronominal) suele aparecer después del verbo (p. ej. *No queríamos el Llano*), pero puede colocarse a la cabeza de la frase con el motivo de enfatizarlo. Cuando se encuentra en este sitio, la repetición pronominal señala este cambio. ***La a acusativa y la reduplicación del objeto directo se dan dentro del marco de la frase transitiva y activa***, en que el agente hace el papel sintáctico de sujeto, el verbo es un verbo de acción, y el paciente hace el papel sintáctico de objeto directo.

Ejercicio 5

Identifique el sujeto y el objeto directo de los verbos transitivos indicados. Se puede usar como pistas la *a* acusativa, la reduplicación pronominal, y la naturaleza de la situación verbal.

subestimar = underestimate
la mano de obra = labor force

1. Algo **ha oído** el detective que le vuelve cauteloso.
2. Ha llegado el individuo que **llamó** al jefe.
3. Al perrito de mi abuela lo **mató** un tejón.
4. Lo interesante es que el divorcio lo **solicitó** él.
5. A los dictadores los **apoyan** los militares.
6. Acaba de irse el profesor que **quiere ver** ese estudiante.
7. Hoy en día la mano de obra la **subestiman**.
8. Ese hombre es el que **ha entrevistado** Julia Otero.

Para poder utilizar —o comprender— un pronombre hay que saber cuál es su *antecedente*, o sea la entidad a que o a quien se refiere. En el caso de la reduplicación del complemento directo, el antecedente está al lado del pronombre. Pero en otros casos puede producirse un malentendido si el hablante supone que la identidad del antecedente constituye información conocida mientras que el oyente lo desconoce.

PURI: Mamá, ¿dónde **la** has puesto?

MAMA: ¿A qué te refieres?

PURI: ¿Dónde está **mi blusa nueva**?

MAMA: En la lavadora —ponte otra.

Para interpretar lo que oye, el oyente supone que los pronombres se refieren a entidades definidas por el discurso o por el contexto. Si el antecedente no se define, tal como ocurre a veces con el pronombre *se* (véase el Capítulo 6) el oyente es inducido por esta falta de definición a una interpretación impersonal del pronombre.

El pronombre acusativo se coloca delante del verbo conjugado, como en el diálogo anterior, o después del infinitivo o del gerundio.

Volvió a abrir**la** cuando regresaba en tren a la finca.
(Cortázar)

El viento que viene del pueblo se le arrima empujándo**la** contra las sombras azules de los cerros. *(Rulfo)*

En el caso de los mandatos, se coloca el pronombre acusativo delante del mandato negativo, pero después del mandato afirmativo. En este caso, el pronombre se junta como una sílaba más al mandato.

No **te** pongas así. *(Millás)*

Mejor sáca**la** al aire. *(Rulfo)*

PRONOMBRES COMPLEMENTO DIRECTO					
1ª sg.	1ª pl.	2ª sg.	2ª pl.	3ª sg.	3ª pl.
me	nos	te lo/la	(os) los/las	lo/la	los/las

Ejercicio 6

En lugar del complemento directo indicado, use un pronombre. Donde el verbo consta de una forma conjugada más un gerundio o un infinitivo, habrá dos posibles colocaciones.

1. Luz, no rompas **esa hoja**, por favor. *la*
2. La gente está comprando **los videos** como locos. *los*

3. Cuelga/**el teléfono** antes de que nos cobren extra. ¹⁰
4. Por alguna razón, mi papá ha querido vender **su carro**. ¹⁰
5. He dejado **los libros que pediste** sobre tu escritorio. ¹⁰⁵
6. Te aconsejo que devuelvas **ese perro** a su dueño. ¹⁰
7. No deje Ud. **la botella** aquí —podría caer al suelo. ¹ᵃ

Puede haber también otro participante en la situación verbal: *el complemento (u objeto) indirecto. Este participante no inicia la acción ni la recibe directamente, sino que se beneficia o se perjudica de alguna manera por medio de la situación verbal.* En el caso más obvio, la entidad que desempeña el papel de objeto indirecto llega a poseer o deja de poseer el objeto directo.

Me robaron un millón de dólares. (del hablante o para el hablante)

El beneficio o detrimento experimentado por el objeto indirecto, sin embargo, no tiene que ser concreto. Este participante puede ser nada más que un interesado que se encuentra en una relación periférica con respecto a la situación verbal. En estos casos, el objeto indirecto se denomina el *dativo de interés*. (*Dativo* viene del término latín que identificaba el complemento indirecto en esa lengua.) La siguiente frase ejemplifica la relación literalmente indirecta que puede haber entre el objeto indirecto y la situación verbal.

Se **nos** casó el nieto mayor con una estudiante universitaria.

El abuelo que dice esto se ve involucrado en el matrimonio de su nieto, y comunica esta relación por medio del complemento indirecto.

Una de las posibles relaciones que puede haber entre una entidad y una situación verbal es la de posesión del complemento directo. Es corriente en español utilizar el complemento indirecto para identificar al poseedor, sobre todo cuando algo le pertenece físicamente.

Me duele la cabeza.

Desde luego, el hablante que dice *Me duele la cabeza* es afectado por la situación verbal, y su relación con la cabeza va más allá de la mera posesión. Porque la gama de posibles relaciones entre el complemento indirecto y la situación verbal es muy amplia en español, la relación posesiva es sólo una de las muchas implicadas por el dativo de interés.

Ejercicio 7

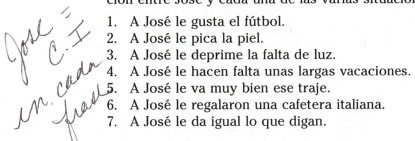

Lea las siguientes frases, en las que José hace el papel de complemento indirecto. Trate luego de comprender cómo es la relación entre José y cada una de las varias situaciones verbales.

1. A José le gusta el fútbol.
2. A José le pica la piel.
3. A José le deprime la falta de luz.
4. A José le hacen falta unas largas vacaciones.
5. A José le va muy bien ese traje.
6. A José le regalaron una cafetera italiana.
7. A José le da igual lo que digan.

(nota manuscrita al margen: José = C.I. en cada frase)

PRONOMBRES COMPLEMENTO INDIRECTO					
1ª sg.	1ª pl.	2ª sg.	2ª pl.	3ª sg.	3ª pl.
me	nos	te / le	(os) / les	le	les

Observe que *te* es el pronombre complemento que corresponde a *tú* y también a *vos*. No hay un pronombre complemento especial que corresponda sólo a *vos*, aunque sí hay desinencias verbales especiales en muchas de las regiones donde se emplea el voseo. En el dialecto argentino de Mafalda, *entendés* (y no *entiendes)* es la forma del tiempo presente correspondiente a *vos*.

Todos los pronombres complemento son ***clíticos***, lo que quiere decir que fonéticamente no reciben el acento. Para enfatizar un clítico, entonces, no es posible acentuarlo. Lo que sí se puede hacer es repetirlo. La reduplicación pronominal del complemento directo es obligatorio cuando el complemento directo es colocado a la cabeza de la frase.

Esto lo hemos comentado anteriormente. (esto = lo)

Siempre se puede reduplicar el pronombre de objeto indirecto en forma de complemento preposicional: *Dámelo a mí*, por ejemplo. Para enfatizar el complemento indirecto, se puede acentuar el complemento preposicional: *Dámelo a **mí*** (nunca **Damelo*). En la tercera persona, debido a que hay muchas terceras personas, la reduplicación preposicional puede ser necesaria para evitar confusión. La frase preposicional, sin embargo, sólo sirve para enfatizar o clarificar; no suele aparecer con el verbo sin que aparezca también el pronombre. No se dice, por ejemplo, **Dalo a mí*.

Tal como se ve en la palabra *dámelo*, el pronombre de complemento indirecto (*me*) se coloca delante del pronombre de complemento directo (*lo*). Fíjese, además, que los pronombres *le* y *les* sufren un cambio a *se* cuando se colocan delante de *lo/la/los/las*.

A: ¿Vas a regalarle eso a Julián?

B: Sí, **se** lo voy a dar.

Este proceso obligatorio se debe a un cambio histórico en la pronunciación de las consonantes.

El leísmo

La preposición *a* fácilmente se confunde con la *a* acusativa, con el resultado de que algunos hablantes emplean el pronombre indirecto en lugar del pronombre directo en la tercera persona masculina. Dicen, por ejemplo, hablando de Pedro, *le buscaba* en vez de *lo buscaba*, aunque se trata aquí del paciente del verbo *buscar*. Hay varios ejemplos de este fenómeno, que se llama **leísmo**, en las lecturas.

Sally **les** (= a los comisarios) atendió con el donaire de siempre. *(Ulibarrí)*

Nadie venía a visitar**le** (= al contador de cuentos). *(Puértolas)*

Hasta dentro de una misma frase se puede ver un complemento directo pronominalizado por *le* y luego por *lo*.

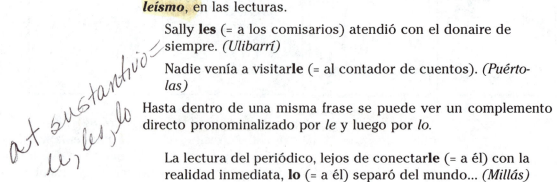

La lectura del periódico, lejos de conectar**le** (= a él) con la realidad inmediata, **lo** (= a él) separó del mundo... *(Millás)*

El leísmo se debe a que los complementos indirectos suelen ser personas, así que un complemento directo humano se parece a un complemento indirecto por su naturaleza animada. El hecho es que las categorías de complemento directo e indirecto son fáciles de confundir cuando se trata de complementos humanos, y hasta en dialectos que no se consideran leístas no suele mantenerse una distinción clara.

◆◇◆◇◆◇◆◇◆◇ *Más práctica* ◆◇◆◇◆◇◆◇◆◇

Ejercicio 7: Decida si se debe usar o no la *a* acusativa en las siguientes frases. Entonces, pida a un hispanohablante que haga lo mismo. Si las respuestas no coinciden, pregúntele al nativo qué es lo que influye en su elección. Es probable que se tenga que inventar un contexto para las frases problemáticas. Finalmente, compare sus respuestas con las de sus compañeros de clase.

1. Un huracán destruyó _____ el barrio pobre de la ciudad.
2. Ese idiota maltrató ___ *a* ___ mi pobre perro.
3. Me gusta la política porque me permite conocer ~~a~~ *a* nuevas personas.
4. ¿Nunca has leído _____ *Don Quijote*?
5. Como no tienen hijos los García, piensan adoptar ~~a~~ *a* un niño huérfano.
6. Conozco ~~a~~ _____ una familia Pérez —pero no sé si son sus primos.
7. Según el sindicato, la compañía va a perder _____ muchos valiosos empleados.
8. Aquí se necesita ~~a~~ _____ mucha gente preparada.
9. Después del terremoto, encontraron ~~a~~ *a* muchos heridos en la calle.

Ejercicio 8: ¿Cuál es la relación entre el complemento indirecto y la situación verbal en los siguientes casos? Según el contexto en que se usen estas frases, puede haber más de una posibilidad. En algunos casos, encontrará una pista entre paréntesis.

1. **Te** lo mandaré cuando pueda.
   = te lo mandaré a ti
   = se lo mandaré a otra persona para ti

2. **Le** voy a averiguar la respuesta. *Le voy a averiguar al prof.*
3. Espero que alguien **me** compre esto.

me compre esto esta para mi
por mi
de mi

le hicieron muchas cosas
para su padre

4. Como se encontraba enfermo, **le** hicieron muchas cosas. (cosas agradables o desagradables)
5. **Nos** vendieron la casa por poco dinero. *vendieron las casa para nosotros*
6. **Me** comieron todo el pastel. (dicho con orgullo o con resignación)
7. **Les** abrieron el portal y la puerta trasera.

les abrieron para ellos

Ejercicio 9:   Para saber qué dialectos son leístas, hay que entrevistar a gente de varias regiones dialectales. Pida a un hablante que le dé la forma pronominal de las siguientes frases (es decir que sustituya la frase señalada por un pronombre). Luego, compare los resultados con los de sus compañeros de clase. No se olvide de preguntarle al hablante por su país de origen.

1. En los hospitales públicos, están obligados a atender ~~a los pobres~~. *les*
2. Este fin de semana vamos a llamar ~~a mis abuelos~~. *les*
3. Las mujeres siempre quieren besar ~~a Julio~~. *le*
4. Los sábados ayudo **a mi tío** en su tienda.
5. Desgraciadamente, nadie viene a visitar ~~a don Mario~~. *lo*
6. El médico va a separar ~~a los enfermos~~ de las demás personas. *los*
7. *lo* Vi ~~a Emilio~~ en San José.

Lecturas: *Aplicación de la gramática*

A.   Lea *La enemiga*, de Virgilio Díaz Grullón. Al leer el final de esta fantasía espeluznante, se dará cuenta de que la segunda 'muñeca' es realmente un bebé. Sin embargo, el autor no utiliza la *a* acusativa al referirse al bebé: "...adivino esta vez una secreta complicidad entre mamá y Esther para proteger la segunda muñeca" (no *a la segunda muñeca*). Busque esta frase y decida cuál es el significado del no-uso de la *a* acusativa aquí.

El cuento se narra en primera persona, pero el pronombre sujeto *yo* se utiliza sólo en contadas ocasiones. Vuelva al texto y subraye el pronombre, y luego averigüe por qué se utiliza precisamente en esos contextos.

B. Lea *La Kasa K K* de Sabine R. Ulibarrí. En este cuento, Ulibarrí reproduce el español hablado en el norte de Nuevo México, en el que destacan los resultados léxicos de la larga convivencia del español con el inglés.

La norma es que los pronombres sujeto se usan poco, y a este respecto el empleo de estas formas en el cuento es típico. Hay decenas de verbos conjugados, pero hay muy pocos pronombres sujeto. Al leer, verifique el uso limitado de los pronombres sujeto.

1. ¿Por qué se utilizan los pronombres *ella* y *él* en el siguiente trozo?

   Más adelante Félix se casó con Matilde Córdova, hija de una de las familias más importantes del valle. Matilde era joven, elegante y presumida. Este enlace fue un desastre. Creo que **ella** esperaba ser otra Sally, y eso no era posible. Creo que **él** andaba buscando otra Sally, y no había otra Sally en el mundo entero.

2. El tono del cuento es el de la tradición oral, y el autor hace así el papel de un contador de cuentos. No se ha convertido en un narrador ficticio, sino que está presente en la narración. El pronombre sujeto se utiliza para recordarnos la presencia del narrador. Por ejemplo:

   Yo no me meto en esas cosas. **Yo** sólo cuento lo que pasó.

   De la misma manera, los lectores están escuchando el cuento, y el pronombre *ustedes* se utiliza cuando, al final, el narrador se les dirige.

   Si hoy van **ustedes** a Tierra Amarilla verán los huesos blanquizcos de la Kasa K K, asolados y asoleados por el tiempo, el sol y el descuido.

3. Se ha comentado en este capítulo que puede haber confusión entre los pronombres acusativos y dativos de la tercera persona. Esta confusión se manifiesta en el cuento de manera interesante. De acuerdo con lo que se ha dicho sobre el leísmo, ¿cómo se explica la diferencia entre los pronombres señalados?

   La hija les salió toda india. Desde niña la gente empezó a llamar**le** "la India."

   A la cantina, con su salón de baile, **la** llamó K-Luna.

Capítulo 6

La interacción de verbos y sustantivos: la voz pasiva y el pronombre **se** impersonal

Para empezar

Ejercicio 1

Si no se acuerda de los siguientes términos del capítulo anterior, búsquelos en el glosario: *sujeto, agente, paciente, complemento directo* e *indirecto, verbo transitivo* e *intransitivo*. El conocimiento de esta terminología es imprescindible para la comprensión del presente capítulo.

Ejercicio 2

Traduzca este párrafo al inglés. Verá que las estructuras con *se* y las con *ser* + participio coinciden en traducirse por la voz pasiva inglesa.

— En el año 1992, **se darán** los últimos pasos para que España forme parte de la Comunidad Europea. Dentro del país, el tratado de adhesión **ha sido comentado y criticado**, pero el apoyo del gobierno socialista ha hecho que **se ratificara**. Los críticos dicen que **se perderá** el carácter único del país, mientras los entusiastas de la unión europea sostienen que la cultura española **será fortalecida** por los avances económicos. El tiempo dirá quién tiene la razón. Lo que está muy claro es que la famosa siesta **se convertirá** en un detalle costumbrista, por lo menos en las zonas urbanas, con la adopción del horario europeo de 9 a 5.

En este capítulo, se analizan dos estructuras que son muy diferentes sintácticamente: la frase pasiva, y la frase impersonal. A pesar de sus diferencias sintácticas, sin embargo, estas dos estructuras comparten un rasgo semántico importante: sirven para eliminar o marginar el agente.

¿Por qué será que la lengua tiene estos recursos gramaticales? ¿Cuál es la motivación comunicativa que produce estas estructuras? Vamos a ver que se elimina el agente cuando se sabe de sobra quién es, y el mencionarlo no agrega nada al discurso. También, en contraste, se deja de mencionar el agente cuando no se le puede identificar.

Cuando el agente es conocido, la necesidad de identificarlo es mínimo. En la siguiente receta, por ejemplo, el texto imparte mucha información, pero no identifica al agente, es decir, al cocinero.

> **Se** corta un pollo a cuartos, separando las alas del pecho.
> **Se** pone aceite de oliva en una cazuela de barro y **se** cuece el pollo unos 25 minutos. **Se** saca el pollo, y **se** hace un sofrito de ajo, cebolla, vino blanco, tomate, sal y pimienta. **Se** devuelve el pollo a la cazuela y **se** cuece, tapado, un cuarto de hora más.

La persona que lee la receta sabe, por supuesto, quién va a ser el cocinero; no hace falta que se le identifique. Lo que le interesa saber es cómo elegir los ingredientes y qué hacer con ellos. Gramaticalmente, se puede marginar el agente sustituyéndolo por el pronombre *se*, mientras los otros elementos de la situación se describen en detalle (*aceite de oliva, una cazuela de barro*, etc.).

También se da el caso del agente desconocido, en el que no se menciona el agente sencillamente porque no se sabe o no se puede identificarlo. Los periodistas, por ejemplo, muchas veces se ven en la necesidad de comunicar lo que saben sin decir de dónde ha provenido la información.

> **Fue revelado** ayer que los senadores izquierdistas votarán en contra del plan económico.

Recuerde, mientras estudie el resto de este capítulo, que el agente es eliminado o marginado en las frases pasivas y las frases impersonales. Esta confluencia semántica sirve para vincular las dos estructuras.

Análisis

La voz activa y la voz pasiva

El orden básico de los elementos de la frase transitiva es *sujeto - verbo - complemento*. (Este orden es variable, pero las variaciones se hacen con respecto a este patrón.) Como hay más de un participante en las situaciones transitivas, hay que decidir qué participante va a hacer el papel de sujeto y ocupar el primer espacio en el orden básico de palabras.

Pensemos en la situación verbal prototípica, donde el agente inicia una acción que recae sobre el paciente. En la expresión lingüística de esta situación, hay dos posibilidades: la función del sujeto puede ser cumplida por el agente o por el paciente. La elección del sujeto es un recurso gramatical que se llama **voz**. *Una* *situación transitiva puede describirse desde el principio o desde el final, de acuerdo con la voz elegida por el hablante.*

Si el agente hace el papel de sujeto, el resultado es una frase en voz activa. En frases activas, la estructura de la frase sigue la cronología de la situación transitiva. La frase activa reproduce, cronológica y gramaticalmente, el desarrollo de una acción que empieza con el agente y luego pasa al paciente.

El lanzador → tiró → la pelota.

En cambio, *si el paciente hace el papel de sujeto, el resultado es una frase en voz pasiva.* En frases pasivas, la estructura de la frase va en sentido contrario a la cronología de la situación transitiva.

La pelota ← fue tirada ← por el lanzador.

Fíjese que el verbo en frases pasivas consta de una forma de *ser* más el participio pasado de un verbo transitivo (véase el Capítulo 3 sobre el verbo *ser*). El agente no tiene que mencionarse; se puede decir sencillamente *La pelota fue tirada.* Si aparece el agente, éste es relegado al papel de complemento preposicional.

agente = sujeto = voz activa

paciente = sujeto = voz pasiva

Ejercicio 3

Lea el siguiente reportaje y clasifique las frases o cláusulas en activas o pasivas.

DESAPARECIDO UN OLEO DE FRIDA KAHLO

Uno de los más importantes óleos de Frida Kahlo fue robado ayer de una colección privada. El robo fue descubierto por una criada, quien había notado una sospechosa subida de temperatura en la pinacoteca. Evidentemente, los ladrones habían desarmado el aire acondicionado para poder entrar. Según fuentes oficiales, la policía está siguiendo unas pistas anónimas y espera recuperar el cuadro de la pintora mexicana, que ha sido valorado en más de un millón de dólares.

En la lengua moderna, la voz pasiva con *ser* se utiliza menos que la sustitución del agente por el pronombre *se*. Y, como suele pasar en la evolución de las lenguas, la forma que menos se usa ha llegado a tener un matiz formal o literario. De hecho, la voz pasiva se usa más en la lengua escrita que en la lengua hablada. También aparece más en tiempo pasado que en los otros tiempos verbales, debido a que presenta la situación verbal al revés, empezando por su final, y lo finalizado suele asociarse con el pasado.

El origen reflexivo del pronombre *se*

Hay una subcategoría de frases transitivas en las que el sujeto y el complemento son una misma entidad. En estas frases *la acción iniciada por el agente recae sobre sí mismo;* metafóricamente, se puede decir que el complemento refleja el sujeto. Por eso, estas frases se llaman *reflexivas.* El complemento reflexivo puede ser directo o indirecto, como en los siguientes ejemplos.

El niño **se** baña solo. (niño = sujeto y objeto directo)

Nos hemos comprado un carro. (nosotros = sujeto y objeto indirecto)

Cuando en una situación reflexiva hay más de un participante, puede haber un intercambio de acciones y efectos en el cual la acción iniciada por un participante recae sobre otro y vice-versa. Las frases que describen este tipo de interacción constituyen una subclase de las frases reflexivas que se llaman *reflexivas recíprocas.* Por ejemplo:

Feliberto, el Apache, y Teófila, la India, llegaron a querer**se**. *(Ulibarrí)*

Fuera de contexto, esta frase podría describir una situación en que Feliberto y Teófila se quieren a sí mismos. Pero en el contexto del cuento, esta interpretación sería inverosímil. Evidentemente, la frase quiere decir que Feliberto quería a Teófila, y ella a él.

Hay algunas situaciones verbales que son reflexivas por su naturaleza, o sea que el agente de estas acciones también hace el papel de complemento con respecto al verbo. El caso más claro de esta reflexividad inherente lo constituye el verbo *suicidarse.* Desde luego, no se puede 'suicidar' a otra persona. Por razones parecidas, los verbos *jactarse, quejarse* y algunos otros son siempre reflexivos.

La mayoría de los verbos transitivos pueden ser también reflexivos cuando su complemento es igual a su sujeto.

Maruja está pintando la mesa. (Maruja = sujeto, mesa = objeto directo)

Maruja **se** está pintando. (Maruja = sujeto y objeto directo)

En contraste, la variante no-reflexiva de los verbos inherentemente reflexivos sencillamente no existe. Los verbos **suicidar, *quejar* y **jactar* no se encuentran en el diccionario.

PRONOMBRES REFLEXIVOS					
1ª sg.	1ª pl.	2ª sg.	2ª pl.	3ª sg.	3ª pl.
me	nos	te	(os)	se	se
		se	se	se	se

Al comparar los paradigmas pronominales, se notará que en las personas primera y segunda los mismos pronombres sirven para complementos directos, indirectos y reflexivos. *Me*, *nos*, *te* (y *os* en los dialectos continentales) hacen indistintamente el papel de los tres tipos de complemento verbal. Esta falta de diferenciación pronominal no lleva a confusiones porque el hablante sabe siempre quiénes son las primeras y segundas personas en el discurso.

En la tercera persona, en cambio, cualquier entidad que no se clasifique como primera o segunda persona está incluida en la categoría. (No se olvide que los referentes de *usted* y *ustedes* son segunda persona mientras que los pronombres se comportan morfológicamente como tercera persona.) La actividad desempeñada por las terceras personas es un factor que puede ayudar a identificarlas. La mayor diferenciación de los pronombres en tercera persona, entonces, permite que se comunique claramente cómo participan estas entidades en la situación verbal.

Hay otro dato que salta a la vista cuando se comparan los paradigmas pronominales: los pronombres de tercera persona varían en cuanto a su valor informativo. Los de objeto directo llevan información sobre género, número y persona; el pronombre *lo*, por ejemplo, es masculino, singular y tercera persona. Los pronombres de objeto indirecto sólo llevan información sobre número y persona; *le* es singular y tercera persona pero puede referirse a masculino o femenino. Los pronombres reflexivos de la tercera persona no expresan ni número ni género; una misma forma, *se*, sirve para singular y plural, masculino y femenino.

En frases reflexivas, dada la identificación del complemento con el sujeto, el pronombre complemento no tiene que aportar mucha información. El complemento sólo tiene que reflejar las características del sujeto. Es por esta razón que **la calidad informativa del pronombre se es mínima**: lo único que se tiene que saber sobre su referente es que es idéntico al sujeto.

Ejercicio 4

Las siguientes frases son transitivas pero no reflexivas, lo que quiere decir que el sujeto es distinto del complemento. Cambie lo que sea necesario para que estas frases sean reflexivas, haciendo que el referente del complemento directo o indirecto sea igual al sujeto. No se olvide de que el complemento indirecto puede aparecer dos veces: en forma pronominal y preposicional.

1. La madre duerme **a su hijito**. → La madre **se** duerme.
2. **Le** compré ese cassette **a Silvia**. → **Me** compré ese cassette.
3. Justina **le** sirvió más café **a su abuela**.
4. Arreglamos **la sala** antes de irnos.
5. Ud. **me** salvó a tiempo.
6. El jefe despidió **a varios empleados** la semana pasada.
7. Uds. **nos** encuentran en un mal momento.
8. **Lo** levanté y luego pasé a la sala.
9. La enfermera **le** quitó **al paciente** la ropa que llevaba.

El uso impersonal de *se*

En el español moderno, el pronombre *se* se ha desligado parcialmente del paradigma reflexivo, y se utiliza a menudo en frases no-reflexivas. En estos casos, el significado de *se* no depende de ningún antecedente y por consiguiente el pronombre no significa más que tercera persona singular. ***En frases no-reflexivas*, se *desempeña la función de una entidad impersonal gracias a su mínimo cargo informativo.***

La siguiente frase, por ejemplo, tiene la forma de una frase reflexiva.

Aquí **se** venden **cigarros dominicanos**.

Sin embargo, sabemos por razones semánticas que esta frase no puede ser reflexiva: los cigarros no son entidades animadas y no pueden venderse a sí mismos. *Cigarros dominicanos* es el sujeto de la frase (rige la desinencia del verbo), pero no es el agente. De hecho, no se identifica el agente sino por medio del pronombre *se*. Y como este pronombre no comunica ninguna información además de tercera persona, el agente queda así prácticamente sin identificar.

A pesar de una semejanza superficial con la frase *Aquí se venden cigarros dominicanos*, la siguiente frase es muy diferente semánticamente.

Aquí **se** visten **los actores**.

Esta frase es activa y reflexiva. La frase nominal *los actores* desempeña los papeles de agente y de paciente, y también el de sujeto. Aquí no hay ninguna división entre el papel sintáctico de sujeto y el papel semántico de agente.

Ejercicio 5

Decida si el *se* que aparece en las siguientes frases funciona como un pronombre reflexivo o como un agente impersonal.

En el reciente congreso de hoteleros **se** habló mucho de un problema que por lo visto **se** da en todas partes. Es que los clientes **se** llevan los ceniceros, las toallas, las sábanas —hasta los cuadros colgados en la pared. Los hoteleros han ingeniado muchas técnicas para protegerse, tales como la instalación de perchas permanentes y televisores remachados a la mesa de noche. Y, naturalmente, los clientes **se** quejan de que las perchas son difíciles de usar, y los televisores no **se** ven desde todas las partes de la habitación. ¿Cómo **se** va a acabar con la fuga de propiedad sin ofender a los clientes? De momento, de lo que **se** puede estar seguro es que el precio de una noche en un hotel va a subir de acuerdo con el auge de estos robos burgueses.

En frases como *Aquí se venden cigarros dominicanos*, el pronombre *se* sustituye al agente sin identificarlo siquiera. Este tipo de frase se parece a la frase pasiva con *ser* en no identificar al agente. También hay otra semejanza: en los dos tipos de frase se distingue entre el sujeto y el agente. Al lado de estas semejanzas, sin embargo, hay unas diferencias importantes entre las dos estructuras.

El *se* impersonal puede aparecer como el sujeto de cualquier verbo, transitivo o intransitivo, siempre que el verbo no sea un verbo de cero participantes (no se puede decir *se nieva*, por ejemplo). En contraste, el sujeto de una frase pasiva con *ser* tiene que ser el paciente de un verbo transitivo, semánticamente hablando.

frase activa y transitiva:	**Los sindicalistas** rechazaron el contrato.
variante pasiva:	El contrato fue rechazado (por **los sindicalistas**).
variante impersonal:	**Se** rechazó el contrato (—).

La opción de nombrar al agente después de la preposición *por* no existe para la variante impersonal, porque *se* está en el lugar del agente en estas frases. Es decir, el agente está presente en la frase, pero en una forma poco informativa.

En contraste, las frases intransitivas no tienen una variante pasiva, porque el verbo no admite un paciente.

frase activa e intransitiva:	**Los estudiantes** caminan a las clases.
variante pasiva:	—
variante impersonal:	**Se** camina a las clases.

Aunque en teoría no puede haber una frase en que el agente aparece como *se* impersonal y también como el complemento de la preposición *por*, en la práctica este tipo de frase existe. Se producen estructuras híbridas como las siguientes: *La ley se aprobó por el senado*, o *El sustantivo se modifica por el adjetivo*. Evidentemente, la estructura pasiva y la impersonal son intercambiables para algunos hablantes —por las razones semánticas que se han comentado aquí.

Los hablantes suelen aprovechar el *se* impersonal para echarle la culpa a esta entidad indefinida. Se puede decir, por ejemplo, *Se me rompió la copa*, donde el hablante aparece como *me*, el complemento involucrado indirectamente en la situación. Al decir esto, el hablante rechaza implícitamente el considerarse responsable por lo acaecido. En inglés, se puede comunicar este mensaje de varias maneras:

It slips Rico's mind.	→	A Rico se le olvida.
Our mail went astray.	→	Se nos extravió el correo.
The machines broke down on me.	→	Se me estropearon las máquinas.

En estas frases, se emplea en inglés un recurso que hemos visto en español: se coloca en el lugar del sujeto el participante que hace el papel del paciente (*it, our mail, the machines*).

Debido a su origen clítico, el pronombre *se* tiene que aparecer al lado de cada verbo del que es el sujeto impersonal. No se puede prescindir de él.

Se leyó un rato, **se** vio televisión y luego **se** bailó en una discoteca.

El pronombre sujeto, en contraste, no tiene que repetirse.

Ella leyó un rato, (-) vio televisión y luego (-) bailó en una discoteca.

Ejercicio 6

Lea estas frases pasivas o impersonales, y decida quién es el agente no-identificado. Luego explique por qué se dejaría de identificar el agente en cada caso.

P 1. La actriz será enterrada mañana en una ceremonia privada. *los emp. de cem.*

I 2. No se trabaja cuando hace tanto calor. *los trabajadores*

P 3. Toda esta zona ha sido urbanizada en los últimos tres años.

I 4. En el imperio incaico se veneraba al sol. *la gente en el imperio*

I 5. Se pronostica que ganará el actual jefe del partido.

P 6. Los veinte kilos de cocaína fueron confiscados en alta mar.

crítico 7. Se vaticina que el gobierno no va a poder con la inflación.

P 8. A causa del viento, el torneo será aplazado hasta mañana.

P 9. No siempre se acababa la zafra antes de las lluvias.

I = impersonal   P = pasiva + Reflexivo autentico

El pronombre *se* puede ser reflexivo (objeto directo o indirecto), agentivo e impersonal, o sencillamente la variante de *le/les* que aparece delante de *lo/la/los/las.* Sin embargo, siempre se sabe qué quiere decir porque el contexto impone el significado de *se* —como lo impone en el caso de todos los pronombres. Cuando el hablante utiliza el pronombre *se* sin ningún antecedente nominal, el oyente sabe que se trata del *se* impersonal. La comprensión del oyente depende siempre del discurso.

La opción medio-pasiva

Hasta este punto, se ha establecido un contraste entre estructuras reflexivas por una parte y estructuras impersonales por otra. Es importante entender la diferencia entre estos dos tipos de situación, pero también hay que reconocer que hay situaciones que caen entre estos dos polos. Por ejemplo:

Fausto **se** perdió en el monte.
Nos vamos a casar por la iglesia.

En estas frases, los agentes hacen un papel causativo con respecto a las situaciones verbales: Fausto se orientó mal, y nosotros hemos decidido casarnos. Pero también intervienen otros factores causativos: la inmensidad del monte contribuyó a que se perdiera Fausto, y la autoridad de la iglesia santifica el matrimonio.

P. 1. Las puertas fueron cerradas
I. 2. Se cerraron las puertas
3. Cerraron las puertas

Estas frases son **_medio-pasivas_**. Pueden considerarse pasivas porque el sujeto del verbo es en cierto sentido un paciente, pero no son enteramente pasivas porque el sujeto también tiene unas características agentivas. Estas frases existen en español (y también en inglés: veáse el siguiente ejercicio) porque hay situaciones en el mundo en las que intervienen varios causantes. La gramática es un recurso que responde a la realidad que se quiera describir, así que facilita no sólo la expresión de conceptos que se prestan a una u otra clasificación gramatical, sino también a conceptos intermedios.

Ejercicio 7

En inglés, usamos el verbo *to get* para formar frases medio-pasivas. Traduzca estas frases al español utilizando verbos reflexivos. Se puede usar *por* para introducir otros factores causativos (véase el Capítulo 10 sobre la preposición *por*).

1. He gets sick because he doesn't take care of himself.
2. I got mad because of his rudeness.
3. We get worried when my grandmother doesn't call.
4. Luz and Aníbal got divorced over her career.
5. The students are getting bored with this lesson.
6. Zulema got food poisoning (*intoxicarse*) from eating on the street.

Otras maneras de eliminar el agente

Al lado del empleo de la voz pasiva y del *se* impersonal, hay otras estructuras que permiten que se hable de una situación verbal sin identificar el agente de la acción. Se puede sencillamente conjugar el verbo en la tercera persona plural sin haber identificado a las terceras personas. Es corriente utilizar la tercera persona plural impersonal cuando la identidad del agente es de menor importancia, o cuando todo el mundo sabe de quién se trata, sobre todo en la lengua hablada.

El dibujo que aparece a continuación ejemplifica el uso de la tercera persona plural impersonal. La niña dice *he oído decir que te **hacen** muchas preguntas* porque supone que todo el mundo sabe quiénes hacen las preguntas en la escuela.

Se, en su papel de sujeto impersonal, es portador de muy poca información. En contraste, un verbo conjugado en la tercera persona plural tiene el potencial de asociarse con un sujeto más informativo. Como resultado, las dos estructuras impersonales no son estrictamente iguales, aunque se sustituyan informalmente.

También se puede utilizar el pronombre *uno* como un circunloquio impersonal. *Uno* no es totalmente impersonal, sin embargo, porque siempre implica la inclusión del hablante. No es lo mismo decir, por ejemplo, *Se sufre mucho en la guerra* que decir *Uno sufre mucho en la guerra.* En el primer caso el hablante plantea una afirmación absolutamente impersonal, mientras que en el segundo se entiende que el hablante, aunque habla en términos generales, conoce los sufrimientos de la guerra.

Uno se utiliza corrientemente como el sujeto impersonal de verbos conjugados con *se,* porque está prohibido el combinar un *se* con otro.

Uno se preocupa mucho cuando los hijos abandonan el hogar. (*Se se preocupa mucho.)

En el lenguaje hablado, hay otro recurso que se parece al uso cuasi-impersonal de *uno*: la segunda persona singular no-referencial. El ejemplo anterior podría decirse de este modo:

Te preocupas mucho cuando los hijos abandonan el hogar.

Con esta frase, el hablante emplea la desinencia familiar no para referirse al oyente, sino para hablar en términos generales. Como resultado, esto podría decirse a un oyente al que se trata de *usted* sin faltarle el respeto. En inglés también, se puede usar *you* de manera impersonal.

You worry a lot when your children leave home.

Ejercicio 8

Siguiendo estas pistas, escriba frases impersonales en español, empleando *se* u otro de los recursos gramaticales descritos en este capítulo.

1. You never know ...
2. They say that ...
3. You sometimes think that ...
4. When they raise prices ...
5. The more you try ...
6. You take the first street on the right ...
7. One hears rumors ...
8. You can always ...

Más práctica

Ejercicio 9:

En el apartado introductorio, se dice que la eliminación del agente se debe a dos motivaciones: el agente se conoce y por eso no necesita identificarse, o el agente no se conoce y por eso no puede identificarse. Piense en los capítulos que ha leído anteriormente, y trate de identificar la otra estructura gramatical que responde a una doble motivación parecida. Evidentemente, la calidad informativa es un factor en la organización del discurso.

Ejercicio 10:

Explique las funciones de *se* en el siguiente diálogo. Si el pronombre es reflexivo, identifique el antecedente. El pronombre *se* aparece a menudo en el lenguaje hablado, desempeñando varias funciones gramaticales.

(Una pareja está conversando a la hora de comer)

LUPE: Mira esta alfombra —lo que aquí **se** necesita es un robot para recoger todas las migas.

PEPE: Déjalo, mujer. Oye, hoy he visto a Héctor —con muletas. **Se** rompió la pierna durante las vacaciones.

LUPE: ¡Pobrecito, con la ilusión que le hacía aprender a esquiar! Pero es torpe, siempre **se** hace daño. Dime, ¿todavía está saliendo con Marisa? *↪ reflex. - Héctor*

PEPE: No sé, no entiendo esa situación. Me parece que siguen siendo novios porque sólo **se** ven de vez en cuando. *reflex. recíproca — impersonal novios*

LUPE: Pepe, ¿has pensado en lo del video? Ahora **se** venden muy baratos. *impersonal lo que vende*

PEPE: Pero **se** dice que pronto va a haber un modelo más sofisticado. A lo mejor deberíamos esperar. El que tiene Mamá ya está superado, y lo compró hace sólo dos años.

LUPE: Ah, compré esa película que quería tu mamá, pero no **se** la voy a dar hasta Navidad.

Ejercicio 11: Todas las frases del Ejercicio 6 son pasivas o impersonales. Vuelva a escribir cada frase de otra manera, manteniendo el significado pero alterando la forma. Emplee la voz pasiva con ser, el *se* impersonal, o la tercera persona plural impersonal. OJO: estas variantes no son verdaderamente intercambiables, puesto que la elección de una variante u otra depende del contexto en que se utilice.

1. La actriz **será enterrada** mañana en una ceremonia privada. → *Enterrarán* o *se enterrará* a la actriz mañana en una ceremonia privada. (Observe que *la actriz* aparece después de la *a* acusativa, porque es el complemento del verbo en las versiones impersonales.)

2. No **se trabaja** cuando hace tanto calor. → No *trabajan* cuando hace tanto calor. (Observe que no puede haber una variante pasiva porque *trabajar* no es un verbo transitivo.)

3. Toda esta zona **ha sido urbanizada** en los últimos tres años. → Toda esta zona *se ha urbanizado* o *la han urbanizado* en los últimos tres años. (Observe que *toda esta zona* es el complemento directo de *han urbanizado*, y por lo tanto tiene que repetirse pronominalmente cuando precede al verbo. También se podría decir *Han urbanizado toda esta zona...* sin el pronombre *la*.)

4. En el imperio incaico **se veneraba** al sol.

5. **Se pronostica** que ganará el actual jefe del partido.

6. Los veinte kilos de cocaína **fueron confiscados** en alta mar.

7. **Se vaticina** que el gobierno no va a poder con la inflación.

8. A causa del viento, el torneo **será aplazado** hasta mañana.

9. No siempre **se acababa** la zafra antes de las lluvias.

Ejercicio 12: Imagínese que Ud. es periodista y va a publicar un reportaje sobre un caso de corrupción política que ha investigado. Pero, no puede revelar la identidad de sus informantes. Con ese motivo, vuelva a escribir este borrador, sacando todo lo que identifique a los informantes. Puede emplear la voz pasiva, el *se* impersonal o la tercera persona plural impersonal. No hace falta incluir toda la información abajo; se trata de revelar sólo lo imprescindible.

Me dijo ~~el jefe de policía~~ —~~que está a punto de jubilarse~~— que sólo la mitad de las multas cobradas por el departamento se quedaba allí. La otra mitad iba a parar en una cuenta bancaria en el Banco Central. Allí, ~~hablé con mi prima Dolores, que es cajera,~~ y me dejó ver la firma del titular. Se llamaba Lourdes Cabrera, y Dolores la había visto en numerosas ocasiones del brazo de ~~Raúl Forqué,~~ el hombre fuerte del barrio. Lourdes, ~~que tiene un novio nuevo,~~ me dijo que ~~Raúl~~ la hacía sacar el dinero a finales de mes y entregárselo. Un pobre heroinómano a quien le paso un poco de dinero de vez en cuando me había revelado que la droga es abundante a principios de mes. Puede ser que los ciudadanos multados ayuden a comprar la droga que está arrasando nuestra ciudad.

Ejercicio 13: A continuación verá unos refranes que contienen el pronombre *se*. Hay que averiguar cuál es la función de *se* en cada caso, o —por decirlo de otra forma— qué hace el pronombre con respecto a la situación verbal. Los primeros tres ejercicios están hechos, para que vea cómo se hace este tipo de análisis.

1. Parientes y señor, sin ellos **se** está mejor.

El verbo *estar* es de un participante sólo, y *se* desempeña el papel de ese participante. *Ellos* cumple una función con respecto a la preposición *sin*, y no con respecto al verbo. El refrán significa "Uno está mejor sin familiares ni jefe."

2. En mal reino, leyes muchas y no **se** cumple ninguna.

El verbo *cumplir* tiene dos participantes: un agente cumplidor y un complemento cumplido. *Ninguna* es el complemento del verbo, siendo una entidad inanimada, así que *se* funciona como el agente. Y como *se* es portador de muy poca información, cuando desempeña el papel de agente, la frase tiene un significado pasivo. El refrán significa "En un reino malo, hay muchas leyes pero ninguna es respetada."

3. Hable bien el que sabe, y el que no, éche**se** la llave.

Echar tiene por lo menos dos participantes: el agente que echa y el objeto directo que es echado. Los dos están nombrados: *el que no* y *la llave*. También puede haber un objeto indirecto afectado por la situación verbal; es éste el papel desempeñado por *se* aquí. Es con respecto a sí mismo que el agente manipula la llave, o sea que la acción es reflexiva. El refrán significa "Que hable el que sabe y que se calle la boca el que no sabe."

4. Hay quien **se** ahoga en una taza de té. *reflex.*
5. Pocas veces **se** yerra (*errar*) callando, y muchas hablando. *imp.*
6. Para rascar**se** andan los burros a buscar**se**. *reflex. / reflex. recip.*
7. Apenas **se** pasa al bien sino por el mal. *imp.*
8. Ira de dos que **se** aman, en abrazos para. *reflex. rec.*

Lecturas: *Aplicación de la gramática*

A. Lea *Nos han dado la tierra*, y verá que se utiliza mucho en este cuento la tercera persona plural impersonal. Es éste un recurso muy común en el lenguaje oral, y aparece aquí porque el cuento se narra en la voz de un campesino. En el título, por ejemplo, no se sabe quién les dio la tierra a los campesinos, y esta referencia misteriosa reaparece varias veces: "Así nos han dado esta tierra," "Esta es la tierra que nos han dado," y al final "La tierra que nos han dado está allá arriba." También se utiliza mucho el *se* impersonal. De acuerdo con lo que se sabe sobre la problemática del campesino desposeído, ¿cómo se explican estas elecciones gramaticales?

B. Lea *El encargo*, y fíjese en el uso frecuente del pronombre *se*. El personaje principal, Teodoro, está solo durante casi todo el cuento, y muchas de sus acciones son reflexivas. Busque el siguiente trozo en el texto, y compruebe que los pronombres señalados son reflexivos.

En mitad del pasillo, **se** detuvo. **Se** apoyó contra la pared, bebió un largo trago. Permaneció así un tiempo, hasta que decidió sentar**se** en el suelo.

Luego, al final del cuento, se describe la recepción ofrecida al pregonero. Como no viene al caso identificar a los organizadores de la recepción, el tono de la descripción es impersonal. Localice el siguiente trozo, y verifique que los pronombres *se* son impersonales.

Las autoridades abandonaron la tribuna y entraron en el Ayuntamiento o Casa del Presidente, donde, en una espaciosa sala, **se** había preparado un almuerzo frío. **Se** descorcharon botellas de excelentes vinos y aquí y allá **se** formaron grupos en los que **se** desarrollaban animadas conversaciones.

Desde luego, los varios usos de *se* se mezclan en el cuento. En la siguiente frase, el pronombre *se* aparece tres veces, cumpliendo tres funciones distintas. ¿Cuáles son?

Cuando **se** lo habían propuesto, **se** había sentido halagado: ser el primer literato a quien **se** le encargaba el pregón era una especie de honor.

Capítulo 7

La modificación: el sustantivo, el artículo y el adjetivo

Para empezar

El sustantivo y el verbo son los elementos básicos de la frase, y en torno a cada uno de estos núcleos se agrupan otras palabras que dependen gramatical y semánticamente de ellos. El sustantivo es el núcleo de la *frase nominal*, y los otros elementos de la frase nominal lo modifican. Estos modificadores son los *adjetivos*.

La forma y la interpretación del adjetivo dependen del sustantivo. Compare, por ejemplo, las interpretaciones de la palabra *rojo* en las siguientes frases nominales:

el pelo **rojo**

la rosa **roja**

Lo que se entiende por *rojo* en el caso del pelo difiere bastante de lo que se entiende por *rojo* en el caso de la rosa. El adjetivo *rojo* proporciona información sobre el sustantivo, pero la interpretación de esta información la determina el sustantivo. Además, la terminación del adjetivo depende directamente de los rasgos morfológicos del sustantivo. Esta dependencia morfológica se llama *concordancia*.

Hay unos adjetivos que sirven para situar el sustantivo en el discurso. Estos adjetivos, que son muy reducidos en número, son los *artículos* y los *demostrativos*, que juntos constituyen la clase de los *determinantes*.

La otra función modificadora del adjetivo es la de describir el sustantivo. Hay un sinfín de descripciones posibles; a diferencia de los artículos y los demostrativos, los adjetivos descriptivos no constituyen una clase cerrada. La lengua admite nuevas palabras para dar cuenta de nuevas realidades: no existía el adjetivo *estadounidense* antes de 1776, ni la frase *llamada telefónica* antes de 1876.

Ejercicio 1

Lea el párrafo a continuación. Subraye las palabras que modifican directamente los sustantivos en negritas. Luego, lea el párrafo sin las palabras subrayadas, y verá qué tipo de información es comunicado por los adjetivos.

El 20 de febrero de 1943 prometía ser un **día** normal y corriente para Dionisio Pulido. Fue a su **terreno** en Paricutín para sembrar maíz. De repente, todo empezó a temblar y el suelo se abrió delante de él en una **grieta** profunda. El **campesino** mexicano abandonó el terreno en medio de una **lluvia** negra y espesa. La **gente** del pueblo había sentido el **movimiento** de la tierra, pero no creyeron al pobre **Dionisio** cuando contó lo de la enorme **grieta**. Cuando volvió al maizal, vio que se había levantado un **cono** inmenso. El nuevo **volcán** Paricutín arrojaría lava durante nueve **años**.

Análisis

El género y el número

Al pronunciar el nombre de una entidad, se comunica —además del significado léxico de la palabra— información morfológica. Las características morfológicas del sustantivo aparecen también en sus modificadores, y esta repetición sirve para ligar los adjetivos a los sustantivos. La morfología nominal pertenece a las categorías de género y número.

Todos los sustantivos en español tienen ***género***, es decir, llevan la marca del grupo llamado 'masculino' o del grupo llamado 'femenino.' Estas palabras van entre comillas porque aunque muchos sustantivos que nombran personas o animales se clasifican según su género biológico, la mayoría de los sustantivos nombran entidades que no tienen un género biológico. En estos casos, la clasificación genérica es arbitraria y convencional.

Hay una correlación general entre la terminación *-o* y la categoría masculina, y la terminación *-a* y la femenina, pero ni siquiera todas las palabras que se refieren a personas siguen esta norma:

Mi prima Rosa es **miembro** del partido ecologista.

Picasso y Dalí son dos **artistas** muy cotizados.

La *-o* de *miembro* y la *-a* de *artista* son invariables, sea quien sea la persona en cuestión. También es cierto que todas las palabras que terminan en *-dad* y *-ción* son femeninas y la mayoría de las palabras que terminan en *-r* son masculinas. Pero, la organización de la morfología responde a factores históricos y analógicos y no es siempre transparente.

Al clasificar todos los sustantivos en masculinos y femeninos, quedan varios pares de sustantivos que sólo se diferencian por el género:

> **la parte**   Dame la parte más pequeña, por favor.
>
> **el parte**   El hospital publicó el parte médico sobre el estado de la víctima.

No es que haya una palabra *parte* que admite los dos géneros, sino que hay dos palabras: *la parte* y *el parte*. Evidentemente, el género es inseparable del significado de la palabra. O sea, lo que corresponde a *milk* en español es *la leche*, y no *leche* a secas. El hecho de que los artículos *el* y *la* son clíticos, o sea que no se acentúan, es la expresión fonética de su dependencia al sustantivo.

Ejercicio 2

Las siguientes palabras se diferencian únicamente por el género. Escriba una frase con cada palabra. Si no conoce algún significado, búsquelo en un buen diccionario.

1. el capital *– dinero*
   la capital *– ciudad*

2. el cava *– vino*
   la cava *– ~~champagne~~ wine cellar*

3. el corte *– cut*
   la corte *– court (Royal*

4. el frente *– front*
   la frente *– forehead*

5. el mañana *– tomorrow*
   la mañana *– morning*

6. el orden *– order (tidy)*
   la orden *– order (command) religious order*

7. el pendiente *– earring (hanging)*
   la pendiente *– slope*

El continuo cambio de la lengua ha producido y sigue produciendo alteraciones en el sistema del género. La palabra *mar*, por ejemplo, ha cambiado de clasificación genérica con el paso del tiempo. Antes se decía *la mar*, tal como se puede comprobar al leer una de las coplas de Jorge Manrique (siglo XV): *Nuestras vidas son los ríos / que van a dar en la mar, / qu'es el morir.* Aunque se dice *el mar* en la lengua moderna, el léxico marítimo retiene algunas frases que recuerdan el uso anterior: *en alta mar, hacerse a la mar*, etc. El viaje de la lengua a otro continente también ha producido cambios. La palabra *sartén* es femenina en España: *la sartén*, pero masculina en muchos dialectos americanos: *el sartén*.

El cambio lingüístico acompaña siempre al cambio social. El género masculino domina gramaticalmente en español; *mis hermanos*, por ejemplo, puede nombrar a hombres y mujeres o sólo a hombres, mientras que *mis hermanas* nombra exclusivamente a mujeres. En cuanto a los nombres de las profesiones, el uso del título masculino está cambiando con la integración de la mujer al cuerpo laboral. Mientras antes se utilizaba el artículo femenino con el nombre masculino, p. ej. *la médico*, hoy en día hay quienes utilizan la variante femenina de la palabra: *la médica*. La aceptación de estos títulos femeninos responde a preferencias y opiniones extra-lingüísticas, y hay que sondear a los hispanohablantes para saber lo que realmente se dice. (Véase el Ejercicio 13 de *Más Práctica*.)

La otra categoría gramatical relacionada con los sustantivos es el **número**. El número no es tan arbitrario como el género, porque por lo general corresponde a una realidad objetiva. Sin embargo, las convenciones que gobiernan la elección del singular o el plural varían de una lengua a otra. En español, las palabras *espinacas*, *espaguetis* y *vacaciones*, por ejemplo, suelen emplearse en su forma plural. Estos usos tienen su lógica: no se come tan sólo una hoja de espinaca ni un solo espagueti. Y las vacaciones generalmente duran más de un día. Sin embargo, en inglés nos hemos acostumbrado a utilizar el singular de estos sustantivos donde en español se usa el plural.

Ejercicio 3

Los siguientes sustantivos suelen utilizarse en plural (aunque aquí también hay variación dialectal). ¿Corresponden a una forma plural en inglés? Escriba una frase para cada palabra.

1. gafas *glasses*
2. tijeras *scissors*
3. matemáticas *mathematics*
4. afueras *outside*
5. finanzas *finances*
6. espárragos *asparagus*
7. pantalones *pants*

El singular se considera la forma básica morfológicamente, y el plural se forma a base del singular. La generalización es que se le agrega *-s* al singular de los sustantivos que terminan en vocal *(libro → libros)*, y *-es* al singular de los sustantivos acabados en consonante *(cartel → carteles)*. Las pocas —y por consiguiente excepcionales— palabras que terminan en vocal tónica presentan varios contraejemplos a esta generalización: *maniquí* y *tabú* se pluralizan con *-es* *(maniquíes* y *tabúes)*, mientras *café* y *papá* se pluralizan con *-s* *(cafés* y *papás)*. La forma plural de estas palabras varía de dialecto en dialecto, tal como se puede comprobar al hacer el Ejercicio 13 de *Más Práctica*.

Desde luego, no todos los sustantivos que terminan en -*s* son plurales; por ejemplo, *crisis* y *lunes* son singular o plural según el contexto, y *tos* y *mes* son formas del singular. Y los apellidos no se pluralizan: se habla de *los García* y *los Méndez*.

Los artículos

Los artículos son modificadores que sirven para situar el sustantivo en el discurso. ***El artículo definido se utiliza para marcar las entidades ya presentes en el discurso***. Una entidad puede estar presente en el discurso de diversas maneras. Consideremos una situación sencilla:

Aunque a lo mejor nadie ha mencionado la sal, ésta forma parte del contexto del discurso porque se ve y se puede identificar.

Muchas entidades son definidas en el discurso por el ambiente en que vive el hablante y la información de la que dispone por vivir en este ambiente. Además, el hablante tiene ciertas expectativas de lo que saben sus interlocutores. Por ejemplo, se utiliza el artículo definido en la siguiente frase porque se da por descontado que el oyente sabe quién es el presidente.

El Presidente va a Australia en un viaje oficial.

Un caso especial de expectativas es la referencia a una clase genérica. Cuando el hablante supone que una entidad es conocida en su sentido general, también la marca con el artículo definido. El hablante no pronunciaría la siguiente frase si no pensara que el oyente sabía qué es el cordero.

No me gusta **el cordero.**

Este concepto está dentro del discurso —entendido ahora en su sentido más amplio y social— y por lo tanto lleva el artículo definido.

Ejercicio 4

Comente con un compañero de clase el contexto y el significado del artículo definido en las siguientes frases.

La vida en la Tierra apareció, probablemente, en el mar. Todos los seres vivos, desde los microbios hasta los humanos, viven en el agua o la contienen en su interior, de modo que la totalidad de las reacciones químicas que tienen lugar en las células se lleva a cabo en un medio líquido. El agua líquida es un compuesto extraordinario, que tiene unas propiedades únicas. Por ejemplo, es la sustancia de mayor calor específico. Esto significa que cuando se aporta o se roba calor a una masa de agua, la temperatura varía más despacio que en cualquier otro líquido.

Ya que el hablante sabe que su interlocutor normalmente vive en el mismo contexto global, el artículo definido aparece muy a menudo. Pero, por supuesto, hay muchas entidades que no están presentes en el contexto, ni ampliamente entendido. Aparte de funcionar como el número 1, *el artículo indefinido se emplea para señalar una entidad que no se ha definido en el discurso*.

Comparemos tres respuestas posibles a una pregunta sencilla:

LUISA: Voy a comprar. ¿Necesitas algo?

MARTA: a. Pues sí. ¿Me traes **el pan**?
                b. Pues sí. ¿Me traes **un pan**?
                c. Pues sí. ¿Me traes **pan**?

Para entender la respuesta (a), hay que conocer el contexto en que viven Marta y Luisa, porque al contrario no se sabe a qué se refiere *el pan*. Podría ser una barra larga, o un pan integral redondo, etc. Si Marta contesta (a), será porque cree que Luisa está enterada de lo que se suele comprar.

Al contestar (b), Marta le comunica que quiere una unidad cualquiera de pan; no especifica el tipo de pan, pero sí especifica la cantidad. En su función de representar el número 1, el plural de *un/una* será una cantidad mayor —dos, tres, cuatro, etc. En su función de señalar una entidad no específica, el plural de *un/una* es *unos/unas*.

> Había empezado a leer la novela **unos días** antes. *(Cortázar)*

En inglés, estas dos funciones del artículo indefinido corresponden a dos palabras: *a* y *one*.

En la respuesta (c), Marta pide cualquier manifestación de la entidad que se llama *pan*. Para cumplir, sólo hay que comprar algo de pan: medio kilo, dos barras... ***Cuando no aparece ningún artículo, se entiende el sustantivo en su sentido partitivo***, o sea alguna manifestación de todas las que llevan ese nombre.

Recuerde que el verbo presentativo *haber* suele aparecer con sustantivos introducidos por el artículo indefinido o con sustantivos sin artículo (véase el Capítulo 3). Por lo general, cuando se introduce una entidad en el discurso no se introduce una entidad conocida.

Puede ocurrir que la manifestación prototípica de un sustantivo sea precisamente una unidad. En estos casos, la presencia del artículo indefinido viene a ser redundante.

> Tengo carro = Tengo un carro

La interpretación partitiva de los sustantivos no contables difiere de la de los contables. Cuando no hay ningún artículo, lo que se entiende por la entidad varía según el contexto:

	Sí, un salero (en la cocina)
¿Hay sal?	Sí, una caja (en el supermercado)
	Sí, una tonelada (en la fábrica)

No se suele emplear el artículo indefinido, el número 1, con los sustantivos no-contables, a no ser que se quiera contrastar una clase de la entidad con otra.

> En la tienda macrobiótica dicen que la sal marina es **una sal** muy sana.

Ejercicio 5

Lea el párrafo siguiente, y explique la presencia o ausencia (señalada por (-)) del artículo en los contextos indicados.

Tuve **un** examen difícil ayer. Nuestro profesor de (-) lengua y literatura inglesas nos puso tres preguntas largas y tuvimos que contestar una. **El** examen se basaba en seis obras románticas. Fui a **la** biblioteca **la** semana pasada para sacarlas, pero no estaban. No tengo (·) dinero para comprarme (·) libros caros, así que compré **los** cuatro más baratos y me los leí rápido. Para **las** otras dos obras tenía **unos** apuntes de clase completísimos, y por eso no estaba muy preocupado antes del examen. Pero al leer **las** preguntas me di cuenta de que era imposible contestar bien cualquiera de **las** tres sin haber leído todos **los** textos originales.

Al depender morfológicamente del núcleo de la frase nominal, el artículo concuerda con el sustantivo en género y número. No obstante, con una pequeña clase de palabras existe una situación que parece anómala. Cuando una palabra femenina singular empieza con la vocal tónica *á* (ortográficamente puede ser *á* o *há*), aparece con *un/el* y no *una/la*, como se esperaría.

> **El** agua líquida es un compuesto extraordinario.

> Tengo **un** hambre tremenda.

> pero

> **La** astronomía moderna es fascinante.

La primera *a* de *astronomía* es átona, así que el sustantivo puede aparecer con *la*. Aunque históricamente esta concordancia se desarrolló en español para evitar la confluencia de dos vocales iguales, no se extendió a muchos modificadores, y sólo afecta a los artículos y los adjetivos cuantitivos *algún* y *ningún* delante de sustantivos.

Ejercicio 6

Escriba una frase descriptiva con cada una de las siguientes palabras. Habrá que usar el artículo masculino pero, como estas palabras son femeninas, un adjetivo femenino.

1. el aula
2. el hada
3. el ama de casa
4. el arma

5. el habla
6. el alma
7. el hacha
8. el águila

Los demostrativos

Otra manera de identificar una entidad ya presente en el discurso es la de relacionarla con el espacio que rodea al hablante. El sistema gramatical del español divide las situaciones verbales en tres clases: lo que hace el hablante (primera persona), lo que hace su interlocutor (segunda persona), y todo lo demás (tercera persona). Se trata, entonces, de un sistema deíctico. El sistema de adjetivos demostrativos también es deíctico; se divide el espacio entre lo que está cerca del hablante, lo que está cerca de su interlocutor, y lo que está lejos de los dos.

Orientación	Demostrativo	Pronombre neutro
1ª persona	este, esta, estos, estas	esto
2ª persona	ese, esa, esos, esas	eso
3ª persona	aquel, aquella, aquellos, aquellas	aquello

Cabe notar aquí que la denominación *neutro* no señala la existencia de un tercer género. Se utilizan las formas neutras para hacer referencia a un antecedente que, por constar de toda una frase o cláusula en lugar de un sustantivo, no puede clasificarse como masculino o femenino.

Pablo hablaba sin pensar, y **esto** (= el que hablaba sin pensar) hizo que lo tacharan de tonto.

En la práctica, muchos hablantes usan sólo una división binaria, separando lo que les está cerca (*este*) de todo lo otro (*ese* o *aquel*, según el dialecto), pero siempre pueden indicar dos niveles de distanciamiento si el contexto lo requiere. El distanciamiento puede ser espacial, temporal o metafórico.

JULIA: **Esta** semana será horrible. Tengo un examen de matemáticas.

RAMON: **Esa** clase te está amargando el semestre. ¿**Eso** quiere decir que no podrás acompañarnos al cine **este** fin de semana?

JULIA: No, **eso** no. ¿Cuántas veces les he fallado?

RAMON: Pues, **aquella** vez que tuviste otro examen de matemáticas.

El español explota este sistema deíctico para hacer referencia a las entidades que se han introducido en el discurso. En el siguiente párrafo de *Agueda*, fíjese en el pronombre *ésta*. (Los pronombres demostrativos difieren de los adjetivos demostrativos únicamente por el acento.)

> De los tres dominados de la familia, Matilde, la otra hermana, protestaba; el padre se refugiaba en sus colecciones, y Agueda sufría y se resignaba. No entraba **ésta** nunca en las combinaciones de sus dos mayores hermanas que con su madre iban, en cambio, a todas partes.

Esta es Agueda, que desde el punto de referencia del escritor —y del lector— es el sustantivo más cercano. Lo que queda más lejos en términos del punto de referencia se identifica con *ése* o *aquél*, según el dialecto:

> Tenían dos hijas, Trinidad y Encarnación. Mientras que **ésta** *(Encarnación)* era muy estudiosa, **aquélla** *(Trinidad)* era frívola.

Los adjetivos descriptivos y el contraste

Los determinantes representan sólo una pequeña parte de la información que se puede agregar al significado de un sustantivo. Hay un sinfín de adjetivos que se emplean para describir algún aspecto de los nombres, y a diferencia de los determinantes, los adjetivos descriptivos pueden aparecer en distintos sitios con respecto al sustantivo. Para dar cuenta de la colocación de los adjetivos, hay que entender dos conceptos: la ***descripción contrastiva*** y la ***descripción no-contrastiva***. La descripción de una entidad es contrastiva si permite que la entidad descrita se compare con otras. ***Cuando un adjetivo es contrastivo, sigue al sustantivo que modifica.***

> La bicicleta **roja** está delante de mi moto.
> (Implicación: Hay más de una bicicleta, y la que se quiere comentar es la roja.)

Esta función contrastiva no es incompatible con la idea de una entidad única, siempre que haya varias condiciones de esa entidad. Por ejemplo, podemos hablar de *un sol naciente* o *un sol magnífico* porque diferenciamos varias condiciones del mismo sol. Ya que en general los sustantivos se describen para diferenciarlos de otros, resulta que la mayoría de los adjetivos siguen al sustantivo.

Ejercicio 7

¿Cuáles son los contrastes implicados en el siguiente ejercicio? (Ya hemos visto este párrafo anteriormente en cuanto a los artículos.)

tuve muchos exámenes
pero éste

— hay
muchos prof.

Tuve un **examen difícil** ayer. Nuestro profesor de **lengua y literatura inglesas** nos puso tres **preguntas largas** y tuvimos que contestar una. El examen se basaba en seis **obras románticas.** Fui a la biblioteca la **semana pasada** para sacarlas, pero no estaban. No tengo dinero para comprarme **libros caros**, así que compré los cuatro más baratos y me los leí rápido. Para las otras dos obras tenía unos **apuntes de clase completísimos**, y por eso no estaba muy preocupado antes del examen. Pero al leer las preguntas me di cuenta de que era imposible contestar bien cualquiera de las tres sin haber leído todos los **textos originales.**

leyó muchas obras

— tiempo específico

A veces un hablante simplemente quiere comunicar información sobre una entidad sin que esta información sirva para identificarla. En este sentido, la ***descripción no-contrastiva*** se usa para comunicar más información de la estrictamente necesaria. Comparemos estas dos frases:

Su **estudio pequeño** está en el segundo piso.
Su **pequeño estudio** está en el segundo piso.

Cuando el adjetivo sigue al nombre (*su estudio pequeño*), se le atribuye una función contrastiva. Por eso se pensará que hay más de un estudio, y que ahora se habla del pequeño. En cambio, si el hablante coloca el adjetivo delante del sustantivo (*su pequeño estudio*), solamente ofrece más información sobre un mismo estudio. Se ha dicho que el poner el adjetivo delante del sustantivo es un recurso poético o literario, pero esta impresión se debe a la naturaleza facultativa del adjetivo prepuesto. El lenguaje oral, igual que el lenguaje escrito, puede servir para entretener además de para informar. No hay que ser poeta para hablar de *la dulce miel* o *el buen café*.

El adjetivo prepuesto también permite que se hable de las cualidades necesariamente no-distintivas de entidades únicas. Sólo tenemos un padre, así que se habla de *mi querido padre* y no *mi padre querido* (que sugiere la posible existencia de más de un progenitor).

Ejercicio 8

Lea la descripción del contexto, y luego decida si se debe anteponer o posponer el adjetivo.

1. Su vecino acaba de comprar un coche. Ud. va a su casa para verlo y encuentra allí dos coches parecidos. Le pregunta —¿Cuál es el nuevo coche / el coche nuevo?

2. Ud. está hablando con su jefe, y quiere referirse a un encuentro anterior con la esposa de él. Le dice —Esta mañana tuve el placer de conversar con su encantadora esposa / su esposa encantadora.

3. Después de leer *Cien años de soledad*, Ud. le dice entusiasmado a un amigo —Es una verdadera obra maestra / una obra maestra verdadera.

4. Ud. desea comprar un cuadro en una feria de arte. Le pregunta al artista —¿Cuánto es el alargado cuadro / el cuadro alargado?

5. Ud. está ayudando a su hermanito a hacer los deberes. El chico comete el mismo error varias veces. Ud. le dice —No repitas ese estúpido error / ese error estúpido.

Los adjetivos posesivos

Igual que todos los adjetivos, los posesivos concuerdan morfológicamente con los sustantivos que modifican. A la hora de clasificar los posesivos por el poseedor a que se refieren, puede surgir una duda: si *mi*, por ejemplo, se refiere al hablante, que es singular, ¿tiene que ser siempre singular? La respuesta, por supuesto, es que el adjetivo posesivo tiene que reflejar la morfología del sustantivo que modifica: *mi libro* en singular pero *mis libros* en plural.

POSESIVOS PREPUESTOS					
1ª sg.	1ª pl.	2ª sg.	2ª pl.	3ª sg.	3ª pl.
mi(s)	nuestro,-a(s)	tu(s)	vuestro,-a(s)	su(s)	su(s)
		su(s)	su(s)		

Las formas prepuestas se distinguen de las formas pospuestas/pronominales porque las formas unisilábicas son átonas y no expresan género: *mi(s)* vs. *mío,-a(s)*, *tu(s)* vs. *tuyo,-a(s)*, *su(s)* vs. *suyo,-a(s)*. De acuerdo con lo que se ha dicho sobre la colocación del adjetivo, los posesivos prepuestos no son contrastivos. Las formas pospuestas sirven para contrastar un sustantivo poseído con otro.

ARIS: ¡Oye! No te lleves **mis** llaves.

JUAN: Estas llaves no son **tuyas**, son **mías**.

ARIS: Pero el llavero es el mismo.

JUAN: Sí, pero me lo regaló una novia **mía**. Mira, lleva **mi** nombre, ¿ves?

Es lógico que las formas contrastivas sean tónicas y tengan formas masculinas y femeninas; estas cualidades facilitan su funcionamiento distintivo.

La descripción y las frases preposicionales

Una manera de describir una entidad es la de relacionarla con otra. Por ejemplo, es posible relacionar una chaqueta con la estación del año en que típicamente se lleva: *una chaqueta de primavera* o *una chaqueta de invierno*. En español una entidad no suele modificar otra entidad directamente. Lo que sí se suele hacer es emplear una frase preposicional como un adjetivo, porque las preposiciones sirven para establecer una relación entre dos entidades (véase el Capítulo 10). Por ejemplo, la descripción de la materia de lo que está hecha una entidad se expresa con una frase preposicional porque tanto el sustantivo descrito como la materia son entidades:

... y no vino dentro de una caja **de cartón**... *(Díaz Grullón)*

...la danza rápida de los trocitos **de madera** entre sus manos *(Baroja)*

Por supuesto, a veces existe un adjetivo que equivale a una frase preposicional: *un queso francés* viene a ser lo mismo que *un queso de Francia.*

Ejercicio 9

A continuación hay una serie de expresiones en que se relacionan dos entidades por medio de una preposición. Según el contexto, se puede modificar cualquiera de las dos entidades:

Una falta de coordinación lamentable.

Una falta de coordinación administrativa.

(Según el contexto, se podría decir también *una lamentable falta de coordinación*.) Escriba una frase completa para cada una de las siguientes frases nominales, y elija la forma del adjetivo y su colocación de acuerdo con el significado que le haya atribuido en su frase.

1.   El Instituto de la Mujer. <cubano>
2.   Un traje de luces. <vistoso>
3.   El vestido de boda. <magnífico>
4.   Una residencia de niños. <minusválido>
5.   El Consejo de Administración. <nuevo>
6.   El departamento de idiomas. <asiático>
7.   Un templo de piedra. <arruinado>

La coordinación y la modificación

La estructura de frase nominal que hemos considerado hasta ahora ha incluido sólo un determinante y un adjetivo descriptivo, que podría ser contrastivo o no. Pero, está permitido que varios adjetivos modifiquen una sola entidad.

Es posible que Sally quisiera hijos **pelirrojos**, **altos**, **blancos y bien pecosos**, y Félix sólo le daba hijos indios. *(Ulibarrí)*

Los adjetivos *pelirrojos*, *altos*, *blancos* y *pecosos* forman parte de la misma frase nominal y así todos toman su género y número del mismo núcleo.

Además, a una misma entidad puede agregarse un adjetivo contrastivo y otro no-contrastivo a la vez.

...tratando de salir lo más pronto posible de este **blanco** terregal **endurecido**... *(Rulfo)*

La coordinación de varios sustantivos, en cambio, presenta más complicación porque hay más de un núcleo posible. Para que un solo determinante modifique dos sustantivos, la conexión entre ellos tiene que ser muy íntima. Es normal oír

¿Me pasas *la* sal y pimienta, por favor?

porque *sal y pimienta* puede concebirse como una unidad. Pero en general se repite el determinante en una serie de sustantivos porque éstos no se consideran una unidad.

...*el* contenido y *la* forma de su intervención... *(Púertolas)*

Su memoria retenía sin esfuerzo *los* nombres y *las* imágenes de los protagonistas. *(Cortázar)*

También es posible modificar una combinación de sustantivos con un solo modificador, como se ve en la frase siguiente.

Tiene muchos artículos y reseñas **publicados** en alemán.

Cabe señalar que un estilo formal del lenguaje impone el género masculino en el segundo ejemplo (*publicados*), pero en la lengua oral es frecuente la concordancia de género con el último sustantivo de la serie.

Tiene muchos artículos y reseñas **publicadas** en alemán. (dicho en un estilo de habla informal)

Si el adjetivo no es contrastivo, concuerda en género y número con el primer sustantivo, como se ve abajo.

Esa carísima camisa y pantalones le habrá costado una fortuna.

La descripción predicativa

Tal como se comentará en el Capítulo 9, el adjetivo tiene algunas características verbales. En las llamadas *estructuras predicativas*, el adjetivo aparece al lado del verbo, pero no deja de cumplir una función modificadora con respecto al sustantivo.

Las posibilidades son **mínimas**.

Aunque *ser* y *estar* son los verbos de mayor uso con adjetivos predicativos, no son los únicos. Fíjese en el comportamiento del verbo *parecer* en la siguiente frase.

...vi que sus ojos, provistos de negras y gruesas pestañas que **parecían** humanas, se abrían o cerraban... *(Díaz Grullón)*

Evidentemente, los adjetivos —predicativos o no— siempre concuerdan en género y número con el sustantivo que modifican.

Ejercicio 10

Es posible emplear los verbos a continuación con un adjetivo predicativo, al estilo de la frase *Los niños parecen traviesos*. Escriba una frase de este tipo para cada verbo, asegurándose de que el adjetivo concuerde con el sustantivo/sujeto de la frase.

1. encontrarse
2. verse
3. sentirse
4. ponerse

5. mostrarse
6. quedarse
7. parecer

◇◆◇◆◇◆◇◆◇◆◇ *Más práctica* ◇◆◇◆◇◆◇◆◇◆◇

Ejercicio 11:

Vuelva a leer este párrafo, y esta vez sugiera un adjetivo para rellenar cada espacio en blanco. No deje de hacer que concuerde el adjetivo con el sustantivo (o los sustantivos) que modifica.

> Tuve un examen _____ ayer. Nuestro profesor de lengua y literatura _____ nos puso tres preguntas _____ y tuvimos que contestar una. El examen se basaba en seis obras *románticas.* Fui a la biblioteca la semana *pasada* para sacarlas, pero no estaban. No tengo dinero para comprarme libros *caros*, así que compré los cuatro más *baratos* y me los leí rápido. Para las otras dos obras tenía unos apuntes de clase *completísimos*, y por eso no estaba muy *preocupado* antes del examen. Pero al leer las preguntas me di cuenta de que era imposible contestar bien cualquiera de las tres sin haber leído todos los textos *originales*.

Ejercicio 12:

Debido a la relación entre el contraste y la colocación del adjetivo, algunos adjetivos de uso frecuente han adquirido unos matices semánticos que siempre se asocian con una colocación u otra. Comparen estas dos frases:

> El **pobre** hombre tiene que trabajar día y noche.

> El estudiante **pobre** lo pasa mal porque la matrícula es cara.

En la segunda frase, *pobre* se refiere a la situación económica del estudiante, mientras que en la primera expresa un sentido de lástima por parte del hablante. A partir del contexto, sugiera sinónimos para los adjetivos en negritas. La traducción de la palabra al inglés puede variar según su posición.

1. (a) Por ser un **alto** ejecutivo, la compañía le paga muchísimo. → *posición*

   (b) La empresa quería que todos los ejecutivos **altos** jugaran en su equipo de baloncesto. → *tamaño*

2. (a) Había **cierta** intransigencia por parte de la Dirección. → *específica*

   (b) Será difícil averiguar la versión **cierta** de los hechos. *está muy verdad*

3. (a) La **misma** gente de la que compraste el aparato te lo arreglará.

(b) Antes había que contratar a otros, pero ahora la compañía **misma** te lo viene a instalar.

propia

4. (a) José era el **único** hijo que seguía en la empresa familiar.

only hijo of all

(b) Al ser hijo **único**, Carlos siguió en la empresa familiar.

Carlos only hijo

Ejercicio 13: Tal como se ha indicado en este capítulo, hay bastante variación dialectal en cuanto a la morfología nominal. Al hacer los siguientes ejercicios, puede averiguar cuáles son algunos de los parámetros de esta variación.

1. Piense en la reacción de la gente a la introducción del título *Ms.* en inglés. Actualmente, pasa algo parecido en español con las variantes masculinas y femeninas de títulos o nombres de profesiones. Pregunte a un hispanohablante cuál es la forma femenina de estas palabras masculinas, y vice-versa. Anote el país de origen de su colaborador. Si el nativo le dice que alguna forma no existe, pregúntele por qué. Traiga los resultados a clase y compárelos con los de sus compañeros. ¿Qué generalizaciones pueden hacerse sobre los resultados?

Las palabras:

el abogado	la azafata
el médico	la enfermera
el ingeniero	la maestra
el juez	la operadora
el policía	la secretaria

2. Dentro de una clase reducida de palabras, el género gramatical sirve para oponer dimensiones. Los miembros de los siguientes pares de palabras se diferencian en cuanto a su tamaño relativo:

Las palabras: el barco - la barca
el bolso - la bolsa
el canasto - la canasta
el cesto - la cesta
el jarro - la jarra
el ratón - la rata

Entreviste a un hablante nativo, y pregúntele cuál es la diferencia dimensional entre la palabra masculina y la femenina. Compare los resultados de esta encuesta con los de sus compañeros de clase. No se olvide de anotar el país de origen del entrevistado.

3. Entreviste a un hispanohablante sobre la forma plural de las siguientes palabras acabadas en vocal tónica. Anote el país de origen de su colaborador. Pregunte sólo por el plural; no pida que se le explique el por qué de la elección. Traiga los resultados a clase, y compárelos con los de sus compañeros. ¿Qué palabras se pluralizan con -*s*? ¿Y con -*es*? Sugiera una generalización que explique todos sus datos.

> Las palabras: papá, sofá, bebé, café, esquí, rubí, capó, dominó, menú, tabú

Ejercicio 14: Tal como se explica en este capítulo, el uso de un sustantivo como modificador de otro no es muy frecuente en español. Sin embargo, se puede leer frases como la siguiente en la prensa

> Desde el punto de vista del consumidor, **los factores clave** son el precio y el período de entrega.

en que se ve que el sustantivo *clave* modifica *los factores*. Pregunte a por lo menos dos nativohablantes sobre la aceptabilidad de esa frase y de estas tres:

1. La existencia de **los niños probeta** presenta varios problemas legales.
2. Estados Unidos tiene **muchas mujeres soldado** en su ejército.
3. La empresa japonesa impone su control de calidad en **los productos objeto del contrato.**

Lecturas: Aplicación de la gramática

A. Lea *La enemiga*, y después considere lo siguiente:

(1.) Aunque no se identifica al narrador por su nombre, se sabe que es el hermano —y no la hermana— de Esther. Localice las palabras que le indican esto al lector.

2. En la frase siguiente, ¿cuáles son las implicaciones del uso de *aquel?*

> Yo me asomé por encima de su hombro y observé cómo iba surgiendo de los papeles arrugados **aquel** adefesio ridículo vestido con un trajecito azul que le dejaba al aire una buena parte de las piernas y los brazos de goma.

¿A qué tipo de distanciamiento se refiere, uno espacial o uno psicológico? Piense en lo que opina el chico sobre la muñeca.

3. Encuentre estas frases en el cuento, y sugiera por qué el autor coloca los adjetivos delante del sustantivo:

... en el centro de la cara tenía una **estúpida** sonrisa petrificada que odié desde el primer momento.

...y de tres **violentos** martillazos le pulvericé la cabeza.

...descubrí en su actitud un **sospechoso** interés por el **nuevo** juguete...

B. En *Ella no se fijaba* hay muchos adjetivos descriptivos y la mayoría siguen al sustantivo que modifican, tal como se esperaría, pero también hay algunos que se encuentran delante del sustantivo. Encuentre las frases siguientes en el texto y explique la colocación del adjetivo:

1. ...y se compró un bigote **postizo** y unas gafas.

...produciendo un aliento **frío** que le rozó el cuello.

En la radio sonaba una canción **antigua**.

2. ...la sorpresa que habría de producir su **nuevo** rostro.

...y contemplándola desde **diferentes** lugares.

...le proporcionaba un **notable** alivio tanto en el plano físico como en el intelectual.

Capítulo 8

La modificación: las cláusulas relativas

Para empezar

Hemos visto cómo se usan los artículos y los adjetivos para modificar los sustantivos. Las posibilidades descriptivas de estas palabras son muy amplias, pero no son infinitas. No siempre existe un adjetivo que corresponda a la cualidad de una entidad que se quiere comentar. A veces, el hablante quiere describir una entidad en función de su participación en una situación verbal.

Considere este dibujo:

Supongamos que el hablante quiere comunicar que uno de estos niños es su vecino, y decide describirlo a base de lo que está haciendo. Este tipo de información no puede expresarse mediante un adjetivo, pero sí puede expresarse mediante una cláusula con función adjetiva: *El niño que se está columpiando es mi vecino.*

Las cláusulas relativas facilitan la descripción de las entidades a partir de su participación en las situaciones verbales. Para que haya una cláusula relativa ***tiene que haber dos situaciones verbales, y estas tienen que tener una entidad en común.*** En nuestro ejemplo, se puede relacionar *el niño es mi vecino* con *el niño se está columpiando* porque *el niño* participa en las dos situaciones.

La cláusula relativa, además de su función modificadora, sirve para eliminar **la redundancia**, o sea la repetición. Puesto que la redundancia ayuda al oyente a comprender el mensaje del hablante, sólo se puede prescindir de ella bajo ciertas circunstancias. Se tiende a minimizar la redundancia en el lenguaje escrito (porque lo escrito puede consultarse más de una vez) y en el lenguaje formal (porque se supone que el oyente está más atento en situaciones formales). Por consiguiente, la cláusula relativa se encuentra más en el lenguaje formal y escrito que en el lenguaje hablado y corriente. A continuación, veremos que la elección del pronombre relativo depende en parte de la formalidad o informalidad del habla.

Ejercicio 1

Lea el párrafo a continuación y tradúzcalo al inglés. Cada frase contiene una cláusula relativa. Verá que tanto el texto en español como su traducción al inglés tienen un tono formal.

El champán, que se reserva aquí para las grandes fiestas, es un vino muy popular en el sur de Europa. En España, que es el primer país hispano en la producción del champán, el vino espumoso se llama cava, y no champán. Sólo los franceses tienen el derecho de utilizar esta designación, que se refiere, por supuesto, a la región de Champagne. Las grandes compañías francesas y españolas, que son las más importantes del mundo, ahora se han establecido en California. Se han dado cuenta de la gran promesa de esas tierras vinícolas, que desde hace tiempo producen unos vinos respetables. Esperan que los norteamericanos, que son un pueblo de poca tradición champañera, incrementen su consumo. Además, al hacer el champán en Estados Unidos, esperan controlar los precios, que siempre han fluctuado con el cambio de moneda. Pero de todos modos el producto seguirá caro aquí, debido a los impuestos que cobra el gobierno sobre las bebidas alcohólicas.

◈◁◯◁◈◁◯◁◈◁◯◁◈ *Análisis* ◈◁◯◁◈◁◯◁◈◁◯◁◈

La estructura de las cláusulas relativas

La cláusula relativa es una cláusula de la cual se ha sacado el sustantivo que se va a modificar. Tomemos como ejemplo la primera frase del Ejercicio 1: *El champán, que se reserva aquí para las grandes fiestas, es un vino muy popular en el sur de Europa. Champán* es el sustantivo modificado, y es también el sustantivo que se ha sacado de la cláusula modificadora. Se han fusionado dos frases, subordinando la segunda a la primera.

El champán es un vino muy popular en el sur de Europa.

El champán se reserva aquí para las grandes fiestas.

→ El champán, que se reserva aquí para las grandes fiestas, es un vino muy popular en el sur de Europa.

Antes de describir una entidad por medio de una situación verbal, el hablante tiene que decidir cuál de las dos situaciones en las que participa la entidad será la idea principal, y cuál será la idea subordinada. Las siguientes frases son igualmente gramaticales.

El champán, que se reserva aquí para las grandes fiestas, es un vino muy popular en el sur de Europa.

El champán, que es un vino muy popular en el sur de Europa, se reserva aquí para las grandes fiestas.

En un caso se ha subordinado la oración *El champán se reserva aquí...*, y en el otro caso la oración *El champán es un vino...* Y, a la misma vez, se ha resaltado la oración no-subordinada, haciéndola la cláusula principal.

Para formar la cláusula relativa, se saca el sustantivo repetido, se pone un ***pronombre relativo*** (*que* u otro pronombre relativo) a la cabeza de la cláusula y se coloca el resto al lado de la frase nominal que contiene el antecedente —el sustantivo que se va a modificar.

que

El champán, ~~el champán~~ se reserva aquí para las grandes fiestas, es un vino muy popular en el sur de Europa.

Por supuesto, se puede subordinar una situación verbal a otra sin que tengan ningún elemento en común (piense en muchas de las frases examinadas en el Capítulo 4, tales como *Me alegro mucho de que se case*), pero el elemento común tiene que existir para que haya una cláusula relativa.

La descripción contrastiva y la no-contrastiva

Además de decidir qué oración va a transformarse en la cláusula subordinada, el hablante tiene que decidir qué tipo de descripción quiere comunicar. En el Capítulo 7, vimos que hay dos tipos de descripción: la descripción contrastiva y la no-contrastiva. Las cláusulas relativas funcionan como adjetivos, así es que admiten esta misma distinción.

Considere la diferencia entre estas dos versiones de nuestra oración ejemplo.

El champán que se reserva aquí para las grandes fiestas es un vino muy popular en el sur de Europa.

El champán, que se reserva aquí para las grandes fiestas, es un vino muy popular en el sur de Europa.

En la primera frase, la cláusula relativa es contrastiva o ***especificativa***. La cláusula contrastiva identifica un determinado champán, y lo distingue de otros —los que no se reservan para las grandes fiestas. En la segunda frase, la cláusula relativa va entre comas (y, oralmente, entre pausas). Esta cláusula tiene una función no-contrastiva o ***explicativa***. Sirve para proporcionar más información sobre el champán en general, y no sobre un champán específico.

Con los adjetivos, la distinción entre una descripción contrastiva y una no-contrastiva determina la colocación del adjetivo: el adjetivo contrastivo va después del sustantivo y el no-contrastivo va delante. Las cláusulas relativas siempre siguen a su antecedente, y así su colocación no puede quedar afectada por el tipo de descripción.

Si el sustantivo modificado es único, no admite la modificación contrastiva. El explicar cómo se diferencia una entidad de otras implica necesariamente la existencia de otras entidades comparables. Es por eso que tiene que ser explicativa la cláusula relativa que modifica al antecedente único *España*.

En **España**, que es el primer país hispano en la producción del champán,...

Aquí la opción contrastiva no existe, porque sólo hay una España.

Observe que si la cláusula no-contrastiva contiene el verbo *ser*, se puede prescindir del verbo y poner otro sustantivo ***en aposición*** al primero.

En España, el primer país en la producción del champán,...

Al hacer esto, se evitan las complicaciones de la subordinación de una cláusula.

Ejercicio 2 //

Vuelva al párrafo del Ejercicio 1, e identifique las cláusulas contrastivas y las no-contrastivas. Si las cláusulas contrastivas fueran no-contrastivas, y vice-versa, ¿cuál sería la diferencia de significado? Vuelva también a su traducción, y compare la traducción del pronombre relativo *que* en los dos tipos de cláusula.

Ejercicio 3

Invente otra frase utilizando el sustantivo indicado, y luego subordine la frase inventada a la frase original usando *que*. No olvide que los sustantivos únicos sólo pueden modificarse de manera no-contrastiva.

Ejemplo: La Casa Rosada, que se encuentra en Buenos Aires...

1. **La Casa Rosada** es la residencia del Presidente de la Argentina.
2. El factor económico más negativo es **la inflación**.
3. **Mafalda** es un dibujo muy popular en los países hispanos.
4. **Las lenguas extranjeras** son una incógnita para muchos norteamericanos.
5. **La computadora** realmente facilita la redacción.
6. **La televisión** ha cambiado nuestras costumbres sociales.
7. El actual renombre de la literatura hispanoamericana se debe en gran parte a *Cien años de soledad*.
8. Debido a su situación geográfica, **el gallego** es muy parecido al portugués.

Los pronombres relativos

Evidentemente, la formación de la cláusula relativa es un proceso bastante sofisticado. Por lo tanto, el hablante, al utilizar este tipo de modificación, tiene que estar atento a las dificultades que pueda presentar para el oyente. *El pronombre relativo* **que** *sencillamente liga una cláusula con otra, sin más.* Que es invariable en cuanto al género y al número, y sirve para modificar todo tipo de entidad, animada o no-animada. Suele usarse cuando su referente es el sujeto o el complemento directo de la cláusula subordinada, porque la relación entre estas entidades y las situaciones verbales es relativamente transparente. Y se usa más en las cláusulas contrastivas que en las no-contrastivas, debido a que la entonación de la voz sirve para ligar las cláusulas contrastivas a sus antecedentes.

Ejercicio 4

Verifique que el pronombre relativo *que* sustituye al sujeto o al complemento directo de todas las cláusulas relativas del Ejercicio 1.

Existe una variedad de posibles relaciones entre un complemento preposicional —que también puede ser un complemento indirecto— y la situación verbal. Cuando se subordina una situación verbal por medio del complemento preposicional, se necesita comunicar claramente cuál es la relación entre la cláusula subordinada y su antecedente. Los demás pronombres relativos reflejan ciertas características de sus antecedentes, facilitando así la identificación del antecedente y la comprensión del oyente.

OTROS PRONOMBRES RELATIVOS

quien (quienes)
el que (la que, los que, las que)
el cual (la cual, los cuales, las cuales)
cuyo (cuya, cuyos, cuyas)

Quien y quienes

En general, se necesita clarificar la relación relativa en dos casos: cuando la entidad repetida es un complemento de preposición en la cláusula subordinada, y cuando la cláusula relativa tiene una función no-contrastiva.

El primero de los pronombres relativos más informativos es *quien* (plural *quienes*). *Quien* siempre se refiere a personas, lo que facilita la identificación de su antecedente, y el contraste singular/plural permite que se identifique también el número del antecedente. Después de preposición, se emplea *quien* para hacer referencia a un antecedente humano.

El hombre con **quien** (*que) sale mi hermana estudia para ingeniero.

Observe que el sujeto (*mi hermana*) sigue al verbo en la cláusula subordinada, debido a la presencia del pronombre relativo delante del verbo.

Por la naturaleza improvisada de la información en la cláusula no-contrastiva, y por la falta del lazo de la entonación entre este tipo de cláusula y su antecedente, puede ser útil el señalar claramente cuál es la relación entre esta cláusula y su antecedente. *Quien* alterna con *que* en las cláusulas no-contrastivas, mientras que no suele aparecer en las cláusulas contrastivas.

Maradona, **que/quien** es un futbolista argentino muy famoso, ha jugado también en Europa.

El futbolista **que** hizo mayor impresión en el partido fue Maradona.

Cuando el sustantivo repetido va precedido por la *a* acusativa, hay dos maneras de formar la cláusula relativa. En el lenguaje informal, se suele eliminar la *a* acusativa en las cláusulas contrastivas, y sustituir el sustantivo por *que*.

El futbolista fue Maradona.

Vi **al futbolista** el otro día.

→ El futbolista **que** vi el otro día fue Maradona.

En el lenguaje formal, en contraste, se suele retener la *a* acusativa y, como resultado, utilizar otro pronombre relativo. Dado el tono formal de las siguientes frases, la subordinación de la segunda frase a la primera requiere la retención de la *a* acusativa y el no-uso de *que*.

El compañero es un hombre modesto.

Queremos reconocer **al compañero** esta tarde por su labor humanitaria.

→ El compañero **a quien** queremos reconocer esta tarde por su labor humanitaria es un hombre modesto.

Hay que retener la *a* acusativa en las cláusulas no-contrastivas, lo que hace que se use *quien* en lugar de *que*.

El compañero, a quien queremos reconocer esta tarde por su labor humanitaria, es un hombre modesto.

Ejercicio 5

Escriba una frase con una cláusula relativa para describir a los siguientes personajes. Su descripción tiene que ser no-contrastiva, porque estos antecedentes son únicos. (Si no sabe identificar a alguna de estas personas, consulte a un hispanohablante.)

His son is a hottie! →

1. Julio Iglesias
2. Mario Vargas Llosa
3. Blancanieves
4. Cristóbal Colón

5. Evita Perón
6. Fidel Castro
7. Juan Carlos I
8. Simón Bolívar

Ahora bien, el hecho de que se pueda formar una cláusula relativa no quiere decir que se utilice en todos los contextos. En el lenguaje informal, el uso de las cláusulas relativas complejas es limitado. Por ejemplo, en teoría se puede subordinar la segunda de estas frases a la primera.

> **Marina** dice que va a vender su carro.
>
> Hablé con **Marina** ayer.
>
> → Marina, con quien hablé ayer, dice que va a vender su carro.

Pero sólo un pedante pronunciaría esta frase en un contexto informal. La redundancia puede evitarse, y en el lenguaje oral suele evitarse, de otras maneras. Se puede sencillamente quitar la palabra redundante y coordinar las dos frases, o subordinar una de las frases sin relativizarla.

> Hablé con Marina ayer y dice que va a vender su carro.
>
> o
>
> Cuando hablé con Marina ayer, dijo que iba a vender su carro.

El que, el cual y sus variantes

Estas formas del pronombre relativo están compuestas del artículo definido y *que* o *cual(es)*. El artículo definido, como siempre, concuerda en género y número con la entidad que modifica. Comparada con la neutralidad de *que*, esta concordancia proporciona más información al oyente. Por eso, estos pronombres relativos se utilizan con frecuencia después de preposición, un contexto en que la relación entre el antecedente y el verbo de la cláusula subordinada admite muchas posibilidades.

> Los problemas **de los que/de los cuales** hablamos ayer se han solucionado.
>
> El ministro, **con quien/con el que/con el cual** discutió públicamente el jefe del gobierno, ha renunciado.

Tanto *el que* como *el cual* se emplean después de preposición, pero cabe señalar algunos factores que favorecen la elección de *el cual*. Primero, hay una diferencia de acentuación entre *el que* y *el cual*: *que* es átona mientras *cual(es)* es tónica. El carácter tónico de *cual* hace que se le preste atención, y por eso si el antecedente está separado del pronombre relativo por muchas palabras, o por las pausas que encierran las cláusulas no-contrastivas, se tiende a usar *el cual*. También, la mayoría de los hablantes emplea *el cual* más en contextos formales que en contextos informales. Estos factores se complementan, porque el lenguaje formal suele ser más complejo sintácticamente.

En el siguiente ejemplo, se usa *la cual* debido a la distancia entre el pronombre relativo y su referente, *la medalla*, y también debido al estilo elevado de la frase.

La **medalla** que conmemora su ascención al trono, con una copia de **la cual** obsequió el Rey a sus invitados, es obra de un conocido orfebre.

Se tiende también a preferir *el cual*, por su carácter tónico, después de preposiciones multisilábicas y tónicas. Sobre todo después de la preposición aguda *según*, no se usa *el que*.

Ha sido aprobada una ley según *la cual* los bancos extranjeros tienen que congelar todos los fondos.

No obstante, aquí también juega un papel importante la presión del relativizante universal *que*. En contextos informales, se usa *que* a secas detrás de ciertas preposiciones unisilábicas y átonas: *a*, *con*, *de* y *en*.

Los problemas *de que* hablamos ayer se han solucionado.

Ejercicio 6

Subordine la segunda frase a la primera. En algunos casos, más de un pronombre relativo puede servir para relacionar la palabra o frase señalada con su antecedente.

Ejemplo: **El Departamento de Turismo** no acepta cheques personales.

Hay que enviar el dinero **al Departamento de Turismo**.

→ El Departamento de Turismo, a que/al que/al cual hay que enviar el dinero, no acepta cheques personales.

1. **La rivalidad** acabó en marzo en una confrontación pública.
El ministro se dio cuenta de **la rivalidad** inmediatamente.

2. El informe sobre **la contaminación atmosférica** fue muy controvertido.
Mucha gente se enfermó por **la contaminación atmosférica**.

3. **Marilyn Monroe** no sabía apreciar sus propios dotes como actriz.
Toda una generación soñaba con **Marilyn Monroe**.

4. **La voluntad del nuevo juez** es notoriamente cambiante.
El futuro del preso depende de **la voluntad del nuevo juez**.

5. **Los exámenes de septiembre** fueron cancelados debido a la crisis económica.
Cientos de personas se dedicaron durante todo el verano a prepararse para **los exámenes de septiembre**.

El pronombre neutro *lo*

En los ejemplos que se han considerado hasta ahora, el pronombre relativo ha servido de enlace entre un participante nominal y una situación verbal que el hablante aprovecha para describir ese participante. Pero no todo lo que se quiere describir corresponde a un sustantivo concreto. Podemos referirnos a toda una situación como si fuera un participante en otra situación:

AMELITA: ¿Qué pasó anoche? Oí mucho ruido.

VICENTE: Se le reventó la tubería a la vecina.

Toda la situación descrita por la frase *Se le reventó la tubería...* es la respuesta a la pregunta. El pronombre que puede sustituir toda una situación verbal es *lo*:

AMELITA: ¿Como **lo** supiste? (lo = que se le reventó la tubería...)

VICENTE: Me **lo** explicó el plomero.

***Para modificar un antecedente que es toda una situación verbal, se emplea* lo que *o* lo cual**. Lógicamente, la cláusula relativa que contiene *lo que* o *lo cual* tiene que ser no-contrastiva, porque todas las situaciones verbales son únicas.

Los precios están muy inestables, **lo que/cual** complica las negociaciones.

Ejercicio 7

Complete las siguientes frases.

1. Mucha gente está sin trabajo, lo que/cual...
2. Las graderías del estadio se derrumbaron bajo el peso de tanta gente, lo que/cual...
3. México tiene una larga frontera con los EE.UU., lo que/cual...
4. Ha bajado mucho el precio del café, lo que/cual...

Ahora, invente una situación que podría traer las siguientes consecuencias:

5. ... , lo que/cual conmovió a todo el mundo.
6. ... , lo que/cual fue muy criticado en los periódicos.
7. ... , lo que/cual no significa nada.
8. ... , lo que/cual es una estupidez.

El uso no-relativo de *quien*, *el* y *lo*

Hemos visto que el pronombre relativo sirve para enlazar una cláusula modificadora y su antecedente. Los pronombres *quien*, *el* y *lo* (y sus variantes) también gozan de cierta independencia sintáctica, porque pueden desempeñar una función directamente nominal. Estos pronombres pueden englobar sus propios antecedentes. Por ejemplo:

> **Quienes** deseen participar, que hablen con el director.
>
> **La** que habló primero es la candidata.
>
> No te olvides de **lo** que te dije.

[handwritten margin note: whoever / the one who / that which]

Nótese que *el cual* no entra aquí, porque funciona sólo como un pronombre relativo. El hecho de que *el cual* funcione como pronombre relativo siempre, mientras que *el* y *que* puedan funcionar independientemente, produce un contraste semántico en algunas frases.

> La cuñada de mi hermano Lucho, [**la cual** trabaja en la sección de ventas], nos lo puede conseguir más barato.
>
> La cuñada de mi hermano Lucho, [**la que** trabaja en la sección de ventas], nos lo puede conseguir más barato.

La frase *la cual trabaja...* es una cláusula relativa explicativa. La frase *la que trabaja...*, en contraste, se constituye de un artículo nominalizado más la cláusula relativa restrictiva *que trabaja*.

Ejercicio 8

Así empiezan unos refranes que ejemplifican las estructuras que acaban de comentarse. Ya que los refranes sirven para describir a cualquiera, muchas veces incorporan pronombres relativos que engloban sus propios antecedentes. Complételos de manera lógica, y compare sus frases con las de un compañero de clase. Después compare lo que han sugerido con la forma tradicional del refrán, que les dará su profesor.

Ejemplo: Quien ríe último. ... → Quien ríe último, ríe mejor.

1. Quien busca, ...
2. Quien mucho habla, ...
3. Quien se junta con lobos, ...
4. Quien más tiene, ...

5. El que a hierro mata, ...
6. Quien no se aventura, ...
7. El que baja la cabeza, ...

Las cláusulas relativas y el modo

Al conjugar el verbo de la cláusula relativa en el modo indicativo, el hablante afirma el contenido de la cláusula. Cuando se modifica un antecedente, el afirmar la información en la cláusula relativa implica que el hablante conoce lo suficiente sobre el antecedente para describirlo. (Véase el Capítulo 4 para más información sobre la afirmación.)

La película que **vimos** ayer fue muy larga.

En cambio, ***cuando el hablante utiliza el subjuntivo en el verbo de la cláusula relativa, comunica que no puede afirmar ninguna descripción del antecedente.*** Por eso, el subjuntivo típicamente acompaña los antecedentes indefinidos o negativos.

Buscamos un manual que nos **explique** cómo funciona el aparato.

No tengo ningún primo que se **llame** Rigoberto.

Observe que es lógicamente imposible afirmar una descripción de *nada* o de *nadie*; así se explica el uso del subjuntivo en las cláusulas relativas subordinadas a estos pronombres.

Cuando el antecedente es tan general que puede referirse a cualquiera, el uso del indicativo en la cláusula modificadora significa que el hablante conoce a gente que puede describirse de esa manera. En refranes de la forma tradicional *quien + verbo indicativo...*, por ejemplo, el modo del verbo se debe a que se supone que hay gente (de hecho, la gente que escucha el refrán) que pertenece a la clase señalada.

Quien no **llora**, no mama.

En contraste, si el hablante no puede identificar a *quien*, hay que usar el subjuntivo en la cláusula modificadora.

Quien **haya** encontrado un perro manchado en la calle República Argentina, llame al 933-31-46. Se gratificará.

La diferencia entre el significado del indicativo y el subjuntivo permite que un mismo antecedente pueda interpretarse de dos maneras. En los dos casos a continuación, se trata de un antecedente específico; la diferencia radica en lo que sabe o no sabe el hablante sobre este antecedente.

El discurso que **pronunció** ayer fue muy aburrido.
(el hablante oyó el discurso)

El discurso que **pronunciara** tenía que ser muy aburrido.
(el hablante no oyó el discurso, pero opina a base de su experiencia de otros discursos)

La posibilidad de utilizar el subjuntivo sólo se presenta con la descripción contrastiva, porque no tendría sentido proporcionar una descripción no-contrastiva que no se pudiera afirmar.

Decida entre el indicativo y el subjuntivo, según el contexto.

1. El monedero que **hemos/hayamos** encontrado esta mañana lleva mucho dinero.
2. (en un letrero) Quien **tiene/tenga** quejas las puede dirigir a la Dirección.
3. Los policías que **revisaron/revisaran** nuestro carro en la frontera nos abrieron todo.
4. ¿Quieres ir a ver la película que **ganó/ganara** el Oscar el año pasado?
5. Llevaba meses y meses buscando a alguien que se lo **arreglaba/arreglara** sin encontrar a nadie.
6. La casa que se **está/esté** construyendo el ex-Presidente está ubicada en el mejor barrio de la ciudad.
7. Cuando fui a preguntar, no había nadie que me lo **podía/pudiera** explicar.

La relación posesiva y la cláusula relativa

Una de las relaciones que puede existir entre una entidad y otra es la de posesión. Una entidad, cualquiera que sea su participación en una situación, también a la vez puede poseer otra entidad en una situación subordinada. Si el hablante decide relacionar las dos situaciones con una cláusula relativa, necesita un enlace entre la entidad poseedora por una parte, y por otra la entidad poseída, que forma parte de la situación subordinada. *El relativo que establece la relación posesiva es* **cuyo,-a**. *Cuyo* es relativo y posesivo a la vez y, como todos los posesivos, concuerda en género y número con la entidad que modifica, o sea la entidad poseída.

Paul Newman ganó el Oscar hacia el final de su carrera.

La naturalidad cinematográfica de **Paul Newman** ha fascinado al público.

→ Paul Newman, **cuya** naturalidad cinematográfica ha fascinado al público, ganó el Oscar hacia el final de su carrera.

Fíjese que a diferencia de los otros relativos, *cuyo* es un adjetivo y no un pronombre, y así tiene que modificar un sustantivo. *Cuyo* tiende a aparecer sólo en el lenguaje escrito, debido a lo complicadas que son las cláusulas relativas posesivas.

Ejercicio 10

Complete las frases siguientes, asegurándose que la forma de *cuyo* concuerde con el sustantivo que modifica (y no con el antecedente).

Ejemplo: Santiago, **cuyo**... → Santiago, cuya profesión le obliga a viajar mucho, es difícil de localizar en casa.

1. El representante, **cuyo**...
2. Habrá un reportaje en televisión sobre Luis Buñuel, **cuyo**...
3. La distinguida profesora de historia, **cuyo**... libros se venden en la tienda, visitará man
4. Pensaba que iba a hablar el periodista **cuyo**...
5. Ese hombre de que hablábamos, **cuyo**...
6. Van a despedir al vice-presidente para marketing, **cuyo**...

El gerundio como modificador

El gerundio también puede emplearse para modificar un participante en la situación verbal. En los tiempos progresivos, el gerundio expresa el aspecto progresivo, mientras el verbo *estar* expresa el tiempo. Cuando se utiliza como modificador, el gerundio no deja de expresar la progresividad, mientras el tiempo verbal es expresado por el verbo principal de la frase.

Silvia, **temiendo** lo peor, fue a explicarle a su padre que había tenido un pequeño accidente.

El gerundio *temiendo* corresponde a la frase relativa no-contrastiva *que estaba temiendo lo peor*, y puede considerarse una variante reducida de esta cláusula. ***El gerundio se refiere a una situación verbal que es simultánea al tiempo del verbo principal, y que modifica a uno de los participantes en la situación principa***l. El gerundio como modificador nunca especifica ni identifica su antecedente, o sea, jamás es contrastivo. A diferencia del participio modificador (piense en las construcciones con *ser* y *estar* del Capítulo 3, por ejemplo), el gerundio no se ha convertido morfológicamente en un adjetivo; no muestra ni género ni número. Sin embargo, cumple una función adjetiva, y sirve así como un ejemplo más de la interrelación entre los adverbios y los adjetivos.

Ejercicio 11

Reescriba estas frases con un gerundio en lugar de la cláusula relativa.

Emilio, **que vive en un pueblo en las montañas**, siempre tiene problemas con el teléfono. La compañía telefónica, **que goza de un monopolio en este país**, no quiere hacerle caso porque hay pocos usuarios allí. Su mujer, **que es diabética**, tiene miedo de no poder llamar al médico cuando lo necesite. Pero, un representante de la compañía, **que vio que podría ocurrir una desgracia**, acaba de prometerles que resolverá el problema.

[anotación manuscrita: viviendo]

Ahora haga la conversión contraria.

Guadalupe, **leyendo una novela en la cama**, se dio cuenta de que pasaba algo raro en la calle. Los vecinos, **saliendo de sus apartamentos a toda velocidad**, estaban gritando como locos. Echó un vistazo por el balcón y la gente, **mirándola estupefacta**, le gritó "Baja, corre, bájate ahora mismo." Iba a preguntarles por qué cuando los bomberos, **intentando salvar a todo el mundo**, abrieron la puerta de su apartamento.

[anotaciones manuscritas: que leía; que salieron / que salían; que la miraba; que intentaban]

◈◈◈ *Más práctica* ◈◈◈

Ejercicio 12:

A lo largo del capítulo se ha dicho que la cláusula relativa es un recurso para eliminar la redundancia y que se usa más en los estilos más formales. Reescriba el párrafo siguiente como si fuera un artículo de diario, aprovechando la cláusula relativa para bajar la redundancia.

John P. Smith es catedrático de Harvard y autor de numerosos libros en el campo de la microeconomía. Smith fue invitado a participar en un simposio. El simposio fue organizado por la Universidad Nacional. El profesor Smith expuso su opinión sobre las perspectivas para la economía del país a corto y medio plazo. El profesor Smith es asesor de su gobierno. Dijo que nuestra economía ha experimentado un espectacular crecimiento gracias a las compañías multinacionales. Las multinacionales se han instalado aquí porque han encontrado unas condiciones favorables para el desarrollo de sus negocios. En el simposio se habló mucho del turismo. Opinó el profesor Smith que el turismo no es la mejor fuente de ingresos, porque depende de la economía de otros países. Smith no había estado en nuestro país anteriormente. Smith insistió mucho en que se eligiera una estrategia económica sólida. La estrategia económica sólida se basa en fabricar pocos productos de alta calidad para la exportación. La fabricación de pocos productos de alta calidad para la exportación podría generar mucho empleo en algunas zonas actualmente poco desarrolladas. Empresarios de todo el país asistieron al simposio. El simposio se clausuró ayer.

Ejercicio 13:   Se ha visto que una de las relaciones que se puede expresar con una cláusula relativa es la que existe entre una frase preposicional y una entidad. En una frase como

La encontré en el sillón en que la había dejado.

el pronombre relativo *que* se refiere a un lugar porque su antecedente, *el sitio*, tiene un referente locativo. En este contexto locativo, *donde* también puede servir como un pronombre relativo. Ya que el significado de *donde* incorpora expresamente la referencia a un lugar, no hace falta repetir la preposición *en*, porque la relación locativa entre el antecedente *sillón* y el verbo *había dejado* queda muy clara. En el siguiente ejemplo, la cláusula relativa tiene una función adjetiva —modifica un sustantivo— aunque sea locativa.

Pasé sin hacer ruido al cuarto donde papá guarda su caja de herramientas.... *(Díaz Grullón)*

Ahora bien, ¿se puede usar *donde* como un pronombre relativo en todos los contextos en que se encuentra *en que*? Antes de contestar, considere estas frases, también tomadas de *La enemiga*:

Recuerdo muy bien el día en que papá trajo la primera muñeca en una caja grande de cartón envuelta en papel de muchos colores y atada con una cinta roja,...

Esther cumplía seis años el día en que papá llegó a casa con el regalo.

◈

Lecturas: Aplicación de la gramática

A. Como se ha comentado anteriormente, el estilo de *La Casa K K* refleja el español hablado en el norte de Nuevo México y la tradición oral de esa zona. Como consecuencia, el nivel de redundancia en el cuento es más alta que en otros tipos de escrito, porque en el habla el oyente no tiene la oportunidad de volver a oír lo dicho. Siguiendo el análisis propuesto en este capítulo, se esperaría encontrar pocas cláusulas relativas en el cuento, y así es. Lea el cuento y subraye todas las cláusulas relativas. ¿Cuáles son las dos que son no-contrastivas? ¿Puede sugerir otra manera de expresar la información contenida en estas dos cláusulas que se adapte al tono y estilo del cuento?

B. A diferencia de *La Casa K K*, *Agueda* refleja un estilo de español muy formal (recuerde el uso del subjuntivo en *-se* que se comentó en el Capítulo 4). Baroja no subordina mucha información sino que emplea varias frases coordinadas para colocar en primer término casi toda la descripción. Sin embargo, emplea la cláusula relativa para describir a Agueda y al hombre con el que sueña ella. Lea el cuento otra vez, y después conteste las preguntas.

1. ¿Son contrastivas o no-contrastivas estas cláusulas relativas?

    A veces una esperanza loca le hacía creer que allá, en aquella plaza triste, estaba <u>el hombre a quien esperaba</u>; un hombre fuerte para respetarle, bueno para amarle; un hombre que venía a buscarla, porque adivinaba los tesoros de ternura que guardaba en su alma; un hombre que iba a contarle en voz baja y suave los misterios inefables del amor.

    [nota manuscrita al margen: no - contrastivas]

    ¿Por qué no tendría sentido en este contexto una descripción no-contrastiva de ese hombre? *[nota manuscrita: p/q refiere a "el hombre a quien esperaba"]*

2. Las siguientes frases contienen un gerundio. ¿Qué participante modifica? Exprese Ud. la misma idea con otra estructura gramatical.

    Y ella, que lo comprendía, contestaba sonriendo:

    Una noche el abogado le preguntó a Agueda sonriendo, si le gustaría que él formase parte de su familia;...

    Se encerró en su cuarto y pasó la noche llorando.

Capítulo 9

La modificación: la situación verbal y el adverbio

❖❖❖❖❖❖❖❖❖❖❖ *Para empezar* ❖❖❖❖❖❖❖❖❖

Hemos visto que al hablante se le presentan varias opciones a la hora de describir una entidad. La modificación no se limita, sin embargo, a las entidades. El hablante también puede proporcionar más información sobre las acciones en las que participan las entidades o sobre las propiedades atribuidas a éstas. Considere las siguientes frases, todas las cuales contienen la palabra *bien*:

a. Camina **bien** para un niño de 15 meses.
b. La pintura debería estar **bien** seca ahora.
c. Llamaron a la puerta **bien** temprano por la mañana.

En (a), *bien* describe cómo el participante sujeto lleva a cabo la acción de caminar. En (b), indica el grado de la propiedad atribuida a la entidad, y en (c) intensifica el valor de la expresión temporal. En los tres casos, *bien* no modifica un participante directamente, sino que modifica las expresiones que a su vez proporcionan información sobre los participantes. Las expresiones que cumplen esta función se llaman ***expresiones adverbiales***. Al considerar estas expresiones, vamos a partir de ***la definición tradicional del adverbio: es un elemento gramatical que modifica un verbo, un adjetivo u otro adverbio***, como en los ejemplos (a), (b) y (c), respectivamente.

Consideremos tres de las implicaciones de esta definición tradicional. El que haya un tipo de expresión que modifica tanto los verbos como los adjetivos implica que estas dos clases de palabra tienen algo en común. Desde luego, el verbo y el adjetivo se distinguen morfológicamente; los adjetivos no se conjugan, y los verbos no tienen género. Sin embargo, el participio verbal funciona como un verbo cuando aparece con el verbo auxiliar *haber*, pero como un adjetivo cuando aparece con el verbo copulativo *estar*.

La sesión ha **terminado**.
La sesión está **terminada**.

Observe que estas frases coinciden semánticamente. También, en algunos casos, una cualidad puede expresarse por medio del verbo o del adjetivo.

La dama se **sonrojó**.
La dama se puso **roja**.

El que los adjetivos y los verbos se modifiquen por el adverbio, entonces, responde a un denominador común semántico.

Segundo, el afirmar que un adverbio puede modificar otra expresión adverbial implica que los adverbios son ***recursivos***, es decir, que pueden aplicarse una infinidad de veces a ellos mismos. A menudo la modificación adverbial sirve para establecer el grado de la descripción:

La reunión acabó **realmente** tarde.

A este adverbio se le pueden agregar otros, matizando así el significado original.

La reunión acabó **muy, muy, pero realmente muy** tarde.

Y, en tercer lugar, las expresiones adverbiales, al modificar un verbo, proporcionan lo que la gramática tradicional llama ***información circunstancial***, es decir, la información que describe las circunstancias bajo las cuales se desarrolla la situación verbal. Esta información incluye la localización de la acción en el espacio o en el tiempo:

Hoy el huracán se encuentra **sobre Puerto Rico**.

y la manera cómo se desarrolla:

La fuerza del huracán se va disminuyendo **poco a poco**.

Ejercicio 1

Subraye las expresiones adverbiales.

DAMARIS: ¿Qué hicieron Uds. ayer? Te llamé varias veces y al final me cansé de llamarte a las once y media.

ROBERTO: Fuimos al cine para ver una película alemana, y después fuimos a un café. Te llamamos antes de irnos pero no estabas.

DAMARIS: Pues, estaba en casa, pero escuchaba música con los auriculares y supongo que no oí el teléfono. ¿Qué tal la película?

ROBERTO: Nos gustó bastante. La acción tuvo lugar en el Berlín de los años 50. Era interesante, y siempre aprendes mucho al intentar seguir una película en otra lengua, aunque tuve unos problemas con el vocabulario y el acento. Hablaban muy de prisa.

DAMARIS: Claro, todo el mundo corre en su propio idioma.

modifica toda la oración

❖⬦❖⬦❖⬦❖⬦❖⬦ *Análisis* ⬦❖⬦❖⬦❖⬦❖⬦❖

La formación del adverbio

Aunque tanto los adjetivos como los adverbios modifican otras expresiones, hay algunas diferencias entre ellos que hay que remarcar. Los adjetivos siempre concuerdan en género y número con el sustantivo que modifican. En cambio, ***los adverbios no concuerdan morfológicamente con nada*** porque las categorías gramaticales que provocan la concordancia en español se originan en los sustantivos y no en las expresiones que las describen. El número es una categoría gramatical expresada en los verbos y los adjetivos, pero el número de los verbos depende del número del sustantivo sujeto, y el del adjetivo del número del sustantivo modificado. Los adverbios, al modificar los verbos, los adjetivos u otros adverbios, modifican las entidades de manera indirecta; la relación entre el adverbio y el sustantivo no es lo suficientemente estrecha para que haya concordancia gramatical entre ellos.

En cuanto a la estructura morfológica del adverbio, hay dos clases principales. Una consiste en los adverbios que no se derivan de otra clase de palabra, por ejemplo, *ayer*, *mañana*, *bien*, *peor*, *pronto*, *despacio*, etc. La otra clase se forma a base de un adjetivo en combinación con el sufijo *-mente*. Esta construcción viene del latín, y en esta lengua *mente* era un sustantivo de género femenino, así que el adjetivo que modificaba *mente* tenía que ser femenino. El resultado de esta concordancia latina es que en español el sufijo *-mente* sólo se añade a la forma femenina o invariable del adjetivo, y nunca se combina con una forma explícitamente masculina.

Forma femenina del adjetivo: últimamente, duramente, históricamente

Adjetivo invariable: actualmente, probablemente, regular- mente

Adverbios inexistentes: *últim**o**mente, *dur**o**mente, *históric**o**mente

El hecho de que esta construcción proceda de la unión de dos palabras también da cuenta de unas particularidades suyas. Por una parte, si el adjetivo base lleva un acento ortográfico, éste se retiene en el adverbio derivado:

difícil → difícilmente
única → únicamente

El acento gráfico refleja el hecho de que estas palabras tienen dos acentos prosódicos: uno en el adjetivo base, y el otro en el sufijo *-mente*.

Por otra parte, en una sucesión de adverbios que acabarían en *-mente*, sólo hace falta añadir el sufijo al último adjetivo:

La reproducción de esta cinta está autorizada **única** y **expresamente** para el uso personal.

Desde luego, no existe un adverbio que corresponda a todos los adjetivos de la lengua. *Inglesamente*, por ejemplo, es una palabra rara. La formación morfológica del adverbio es un proceso tan productivo, sin embargo, que esta palabra rara se entiende (igual que *Englishly* se entiende en inglés). Evidentemente, los hablantes están acostumbrados a interpretar las combinaciones de adjetivo + *-mente*.

Ejercicio 2

Escriba una frase con los adverbios formados a base de los adjetivos indicados, siguiendo el ejemplo.

Ejemplo: mensual o trimestral → Se puede pagar la matrícula mensual o trimestralmente, como Ud. quiera.

1. irracional y cruel
2. normal y frecuente
3. loco y desesperado
4. ambicioso y malicioso
5. antiguo y actual
6. alegre y expresivo
7. político y militar

Al lado de las palabras que cumplen una función adverbial, también hay frases que cumplen esta función. El español a menudo emplea una frase preposicional de modo adverbial. Como se verá en el Capítulo 10, la preposición es el nombre de una relación, y uno de los elementos de esa relación la puede constituir una situación. La frase preposicional que establece una relación entre su complemento y una situación sirve para modificar la situación adverbialmente.

La reunión comenzó { **tarde.**
{ **a las dos.**

Nos lo explicó { **detenidamente.**
{ **sin prisa.**

En muchos casos, hay un adverbio que corresponde a una frase preposicional adverbial:

Repentinamente, (o: **De repente**) todo ese conocimiento se le había borrado. *(Puértolas)*

Sin mirarse ya, atados **rígidamente** (o: **con rigidez**) a la tarea que los esperaba... *(Cortázar)*

Ejercicio 3

¿Cuáles son las frases preposicionales que corresponden a los adverbios siguientes? Si no conoce la frase preposicional, consulte un diccionario. A continuación, utilice la expresión preposicional o el adverbio en una frase.

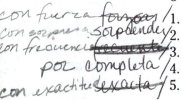

1. forzosamente *necessarily*
2. sorprendemente *surprisingly*
3. frecuentemente *frequently*
4. completamente *completely*
5. exactamente *exactly*
6. desgraciadamente *unfortunately*
7. duramente
8. finalmente *finally / final*
9. actualmente *actually / nowadays* — *en la actualidad*

(handwritten notes: con fuerza / con sorpresa → sorprender / con frecuencia / por completa / con exactitud → exacta)

La colocación de los adverbios

El adjetivo sólo modifica el sustantivo; como consecuencia, su colocación con respecto al sustantivo trae consecuencias semánticas. El adverbio, en cambio, puede modificar verbos, adjetivos u otros adverbios. Como consecuencia, *la colocación de la expresión adverbial dentro de la frase va en función de lo que se quiere modificar*. La colocación del adverbio no se ajusta a reglas fijas, pero sí puede describirse en términos generales.

El verbo, como el núcleo de la *frase verbal*, atrae las otras expresiones que dependen gramatical y semánticamente de él. El adverbio temporal, porque modifica la situación entera, suele aparecer o antes o después de la frase verbal.

Había empezado a leer la novela **unos días antes**. *(Cortázar)*

El adverbio de modo, por hacer referencia a la actividad verbal, suele colocarse después del verbo. Si el verbo es transitivo, el adverbio de modo puede aparecer entre el verbo y su complemento.

Habla **bien** el castellano.

El adverbio también puede colocarse después de la combinación verbo + complemento. Esto suele ocurrir cuando el adverbio es relativamente largo, como en el siguiente ejemplo.

Habla el castellano **mucho mejor que sus primos**.

El adverbio locativo suele colocarse después del complemento, porque especifica el lugar en que éste se encuentra.

Teodoro respiró profundamente, levantó el papel **hasta la altura de sus ojos** y empezó a leer. *(Puértolas)*

Los adverbios que modifican un adjetivo u otro adverbio se colocan delante de la expresión que modifican:

Al darse cuenta de lo que había dicho se puso **muy** rojo.

Ahora considere la frase siguiente:

Sin duda, le dedicaba muchas horas pero no se aburría. *(Puértolas)*

Sin duda no modifica la frase verbal, ni ningún elemento dentro de la frase, sino la frase entera. En ese sentido, su efecto modificador va más allá de la definición tradicional de la que partimos. Estos adverbios que modifican toda una frase suelen colocarse al principio de la frase para que puedan afectar la interpretación del conjunto.

Ejercicio 4

Identifique qué modifica el adverbio en negritas en cada una de las siguientes frases.

1. Es **realmente** difícil aprender otro idioma.
2. La puerta se abrió **despacio**. (lentamente)
3. El candidato agradeció **sinceramente** el trabajo de su equipo.
4. Volvimos a meterlo **con cuidado** en el armario de mamá.
5. Las instrucciones deberían explicar **claramente** cómo funciona el aparato.
6. Sus conclusiones han resultado **sumamente** controversiales.
7. Tendré que leer el informe **rápidamente** porque no dispongo de mucho tiempo.
8. **Afortunadamente**, este proyecto está resultando muy fácil.
9. Se han dado cuenta de que lo hacían muy **mal**.

Hay que recordar que en las formas verbales del perfecto (*haber* + participio), la unión entre el auxiliar y la forma impersonal en español es más fuerte que en las construcciones correspondientes en inglés y no se puede intercalar ningún adverbio entre las dos formas:

> Recientemente la fábrica ha experimentado problemas con la plantilla. (*ha recientemente experimentado)

El papel del adverbio y del adjetivo

En muchos contextos, es fácil distinguir entre los adverbios y los adjetivos. Consideremos la siguiente frase.

> Una onda fría invadió ferozmente el centro del país.

Aquí, está claro que el adjetivo *fría* modifica el sustantivo *onda* y el adverbio *ferozmente* modifica la situación verbal. Pero hay casos en que es difícil distinguir entre la descripción de los participantes y la de su participación en una determinada situación. Volvamos un momento a la clasificación de los verbos: hay verbos de 0, 1, 2, y 3 participantes. Los verbos de cero participantes no presentan ningún problema, porque al no haber participantes lo único que se puede modificar es la situación misma. Las situaciones de un participante, en contraste, se prestan a una confluencia de la modificación del participante por una parte, y la modificación de la situación verbal por otra, precisamente porque sólo hay una entidad en juego.

La prototípica situación intransitiva es la del movimiento. Y hay dos adverbios que se combinan a menudo con la idea del movimiento que tienen dos formas, una exclusivamente adverbial: *rápidamente*, *lentamente*, y otra adjetiva/adverbial: *rápido*, *lento*.

> El delantero corre **rápidamente/rápido** hacia el gol.
> Esa chica nos atendió muy **lentamente/lento**.

Aparte de *rápido* y *lento*, también se utilizan *claro*, *largo*, *firme* y *fuerte* a menudo como adverbios:

> Las empresas alemanas están pisando **fuerte** en España.
> Hablé muy **claro** delante de todo el mundo.

Estas frases ejemplifican el paso del adverbio hacia una forma que podría ser de adverbio o adjetivo. De aquí, el paso al adjetivo con la concordancia correspondiente es muy corto. La siguiente frase suele aparecer al final de los cuentos de hadas.

> Vivieron **felices** y comieron perdices.

La palabra *felices* es sintácticamente un adjetivo, aunque semánticamente modifica el verbo y también su sujeto.

La confluencia entre la forma adverbial y la forma adjetiva/adverbial se da menos en frases transitivas porque hay por lo menos dos participantes involucrados en estas situaciones. La mutabilidad de la forma del adverbio es limitada en frases transitivas, mientras que en frases intransitivas va más allá de cualquier lista de ejemplos.

Los mineros tienen que trabajar **duramente/duro** para ganarse la vida.

El gobierno ha criticado **duramente** los atentados de los terroristas. (*duro)

Hay que agregar que la aceptabilidad de la forma adjetiva/adverbial varía según el dialecto y también según el grado de formalidad del habla. La siguiente frase es aceptable en ciertos dialectos en el habla coloquial.

Las hijas de don Lucas bailan **bonito**.

Ejercicio 5

¿En cuáles de las siguientes frases podría usarse otra forma del adverbio? Sólo habrá concordancia con el sujeto si el adjetivo/adverbio modifica al verbo y también al sujeto. (Consulte con un hablante nativo en el caso de no saber si alguna variante de la frase original suena bien.)

1. Las pequeñas gemelas duermen **tranquilamente**. *tranquila*
2. Lo fabricamos **cuidadosamente** para que no haya problemas.
3. La abuela conversaba **animadamente** con todos los invitados.
4. Los perros corrían **agitadamente** detrás del conejo.
5. Ud. puede acabar este trabajo **fácilmente** en ocho días.
6. Los niños juegan **despreocupadamente** en el parque.
7. Chela contestó el teléfono **rápidamente**, como si hubiera estado al lado del aparato.
8. Los bomberos trataron de rescatarlos **inútilmente**.

En el Capítulo 8, se vio que el gerundio puede desempeñar la misma función que una frase relativa no-contrastiva (siempre que exprese una acción simultánea a la del verbo principal).

El muchacho, llorando, llegó a casa con la bicicleta rota.

Aquí, *llorando* desempeña una función adverbial al describir cómo se lleva a cabo la acción de llegar. Pero, a la misma vez describe al muchacho, o sea que semánticamente desempeña también una función adjetiva. Estos datos sugieren que, aunque el adverbio y el adjetivo son unidades gramaticales diferenciables, la relación entre las expresiones que modifican —las situaciones verbales y los participantes— puede hacer que se parezcan.

La negación

El negar una situación verbal o una de sus partes es una manera de modificarla. Se puede dividir la negación en categorías según el elemento negado. Empecemos con la frase entera. *Para negar una situación verbal, el español utiliza la palabra* **no.** Ya que el núcleo de toda oración es el verbo, es lógico pensar que *no* estará ligado al verbo, y de hecho se coloca inmediatamente delante del verbo:

Las cosas **no** podían ir mejor. *(Ulibarrí)*

No era momento para rectificaciones ni dudas. *(Puértolas)*

Hay que recordar que los pronombres complemento siempre van ligados directamente a los verbos en español. La negación no afecta esta relación directa, así que nunca se encuentra *no* (ni ninguna otra palabra) entre el pronombre complemento y el verbo.

No me gustan las ventanas. (*Me no gustan las ventanas.)

Además, e igual que hemos visto con las otras expresiones adverbiales, no se puede intercalar un elemento negativo dentro del verbo compuesto. Es decir, no se coloca *no* (ni otra expresión negativa) entre un verbo auxiliar cuya función es la de expresar categorías gramaticales (tiempo, aspecto, persona y número) y la forma impersonal del verbo principal:

El papel en blanco **nunca** le había preocupado. *(Puértolas)*
(*le había nunca preocupado)

De todas maneras, hay que tener en cuenta que no todos los verbos auxiliares sirven sólo para expresar categorías gramaticales. La negación de frases hechas con los verbos auxiliares que tienen un contenido semántico propio admite dos posibilidades. En general, la expresión negativa precede a la combinación auxiliar + verbo principal porque el hablante quiere negar toda la situación, como en los ejemplos siguientes.

No podía construir el refugio sin su ayuda... *(Díaz Grullón)*

Los perros **no** debían ladrar, y **no** ladraron. *(Cortázar)*

Pero, si lo que quiere negar el hablante es sólo el verbo principal, lo puede hacer:

Puedo **no** comérmelo, pero...   **No** puedo comérmelo.

Ejercicio 6

Complete las frases siguientes con un contexto apropiado.

1. No pudimos estar allí porque... *tuvimos otros planes*
2. Podríamos no estar allí pero... *la proxima vez*
3. Siguen no enviándonos...
4. Si no siguen enviándonos...
5. Según Manolo, Rosa no pensaba decirle... *la calle está cerrada*
6. Según Manolo, Rosa piensa no decirles a sus padres... *sobre el*
7. Los sindicalistas decidieron no trabajar después... *jueves* *accidente*
8. Los sindicalistas no decidieron trabajar porque... *fue la navidad*
9. Los políticos no debieran aprobar...
10. Los políticos debieran no aprobar...

Otra opción que se presenta al hablante es la de negar alguna parte de la situación. ***Siempre se requiere una expresión negativa antes del verbo, aun cuando el hablante quiera negar algún elemento específico*** dentro de la situación y no la situación en conjunto. Este requisito puede ser cumplido por *no* u otra expresión negativa. Ya que en una situación verbal prototípica hay varias entidades relacionadas con el verbo, es normal tener varias palabras negativas, además de *no*, en una sola frase.

En diversas ocasiones hemos visto que en español se diferencia entre los participantes animados por una parte y los participantes no-animados por otra (recuérdese el caso de los pronombres, en el Capítulo 5, y el caso de los pronombres relativos, en el Capítulo 8). Esta distinción también existe en las expresiones negativas: ***La palabra negativa* nadie *niega la participación de una persona en una situación.*** Esa persona, o falta de persona, puede desempeñar cualquier función sintáctica dentro de la frase:

Nadie se lo había dicho. (sujeto)
No veo a **nadie**. (complemento directo)
No se lo dije a **nadie**. (complemento indirecto)

***Para negar la presencia de una entidad no-animada en una situación, el español emplea el pronombre* nada.**

No me dieron **nada**.
Nada hace pensar en ese desenlace.

A lo largo de su historia, *nada* ha ampliado su función de pronombre para adquirir también unas funciones adverbiales, las cuales pueden verse en las frases siguientes.

No le gusta **nada** viajar.
Mi sobrina no es **nada** tímida.

Este paso es fácil de explicar si tenemos en cuenta el significado básico de *nada*: la cantidad cero. Al referirse a una modificación cuantificativa, *nada* debería poder emplearse como los otros modificadores relacionados con cantidades, y así es:

Me dieron **mucho**.
Llegó **bastante** en el correo.
Le gusta **poco** viajar.
Mi sobrina es **bastante** tímida.

Nada ha adquirido una función adverbial en el sistema de modificación cuantitativa, porque cero también es una cantidad.

Como pronombres, *nadie* y *nada* sólo pueden entenderse como negaciones categóricas en el sentido de que excluyen la posibilidad de categorías enteras de entidades. Pero la negación también puede ser de menor envergadura: ***La palabra negativa* ninguno,-a *niega la existencia de una clase de entidad en una situación.*** Al ser un adjetivo, concuerda en género con la entidad que modifica. No aparece en plural porque la inexistencia no se puede pluralizar.

No pudimos encontrar **ninguna película** que nos gustara.
(*ningunas películas)

Ninguno también puede utilizarse como pronombre. Si su antecedente es conocido en el discurso, se mantiene la concordancia de género con la entidad a la que se refiere.

Había muchos discos de ópera, pero no había **ninguno** de Plácido Domingo.

Sin antecedente, el significado de *ninguno* se acerca a la idea expresada por *nadie*, con la diferencia de que *ninguno* individualiza más al participante y por consiguiente sugiere al oyente que la persona pertenece a un grupo determinado.

Esperamos mucho tiempo,

pero no vino $\begin{cases} \textbf{ninguno.} \text{ (de un determinado grupo)} \\ \textbf{nadie.} \text{ (sin especificación)} \end{cases}$

Otro elemento de una situación que se puede negar es la relación de la situación con el tiempo. ***Para negar la posibilidad de que una situación ocurra en el tiempo, el español tiene dos expresiones:*** **nunca** *y* **jamás.**

$\left.\begin{array}{l} \textbf{Nunca} \\ \textbf{Jamás} \end{array}\right\}$ conseguirán que todos obedezcamos la ley.

Curiosamente, la mayoría de las palabras y expresiones negativas en español tienen sus orígenes en expresiones afirmativas. Aparte de *no*, de las palabras negativas que se han considerado, sólo *nunca* tiene un origen expresamente negativo; *nada*, *ninguno* y *jamás* se derivan de expresiones que se empleaban principalmente en oraciones negativas y de allí han adquirido un significado negativo. Este proceso no sólo ha creado palabras negativas, sino que también ha dado raíz a unas expresiones negativas.

No había visto nada semejante **en mi vida**.
→ **En mi vida** he hablado con ese hombre.

Los calamares no me gustan **en absoluto**.
→ ¿Estás contento con tus notas? **En absoluto**.

Antes de adquirir una interpretación negativa independiente, *jamás* (que viene de *ya más*) era una locución afirmativa que intensificaba el sentido de *nunca*. Por eso, *nunca* y *jamás* pueden combinarse para expresar una negación absoluta de la referencia temporal.

Después de lo que me hizo sufrir, no le pienso volver a hablar **nunca jamás**.

Al convertirse en una expresión negativa, *jamás* llegó a emplearse solo, sin *nunca*, para negar el tiempo, pero sus usos originales no desaparecieron. Aparte de la locución *nunca jamás*, también se dice *por siempre jamás*, frase en que *jamás* intensifica aún más el valor permanente de *por siempre*.

Después de lo que me hizo sufrir, me acordaré de ella **por siempre jamás**.

Ejercicio 7

Escriba de nuevo las frases siguientes, expresando la negación de otra manera.

Bertín no ha trabajado ~~un solo día~~ *nunca* en su vida. Heredó mucho dinero de su familia, así que no ha tenido que preocuparse nunca por las cosas cotidianas. El otro día me comentó que no tenía *nada* idea de dónde iba a pasar las vacaciones, pero que jamás había estado en Tahití y a lo mejor iría. Dijo también que le importaba un comino la universidad, supongo porque realmente no le hace falta estudiar para ganarse la vida. Yo *no sé nada* ~~nada sé~~ de tales lujos, porque soy de una familia humilde. Como diría mi madre, nadie sabe *nadie* qué pasará en esta vida y hay que estar preparado para lo que venga —así que voy a seguir estudiando.

✕◇✕◇✕◇✕ ◇ Más práctica ◇ ✕◇✕◇✕◇✕

Ejercicio 8:

Traduzca las expresiones indicadas entre paréntesis al español y haga los cambios necesarios.

España se está preparando para el siglo XXI en serio. *Nunca* **(Never)** el gobierno y la población entera han tenido un reto tan importante, o mejor dicho, tantos retos tan importantes. Durante los años 60 y 70, España **(did not)** *no* invirtió **(any money at all)** *ningún dinero* en la infraestructura de sus ciudades, y el resultado es que **(no one)** *nadie* puede ir de una parte a otra sin encontrarse en un atasco de tráfico. **(No** *No hay ningún ciudad que* **city)** está exenta del problema del tráfico. Los sistemas de transporte público todavía son baratos, pero **(no one)** *nadie* diría **(ever)** *nunca* que funcionan del todo bien. La dificultad es que el arreglar estos problemas cuesta mucho dinero, y España **(is not)** *no es* un país rico, sobre todo si se le compara con otros miembros de la Comunidad Europea.

Ejercicio 9:

Esta frase viene de un anuncio de publicidad:

Yogur para sus hijos, **naturalmente**

Al ser cortos, los anuncios tienen que transmitir mucha información de impacto en pocas palabras. ¿Por qué resulta tan eficaz el uso de la palabra *naturalmente* en un anuncio para yogur?

Ejercicio 10: Para expresar la idea de que algo es de poca importancia, es frecuente hacer referencia a cosas de muy poco valor. Pregunte a por lo menos dos nativohablantes (si puede ser, de distintas zonas geográficas) cómo expresarían esta idea mediante la frase *Me importa un ___cunto___ .*

Lecturas: Aplicación de la gramática

A. Lea *Continuidad de los parques*, de Julio Cortázar. Vuelva a leer el cuento, y fíjese en la gran cantidad de adverbios que hay en un escrito tan corto. En las dos primeras frases, por ejemplo, hay ocho adverbios/frases adverbiales.

Había empezado a leer la novela (**unos días antes**). La abandonó (**por negocios urgentes**), volvió a abrirla (**cuando regresaba (en tren) (a la finca)**); se dejaba interesar (**lentamente**) (**por la trama**), (**por el dibujo de los personajes**).

Se puede comprobar que los adverbios siguen usándose copiosamente en el resto del cuento. En cambio, la cantidad de adjetivos descriptivos es relativamente limitada; no sabemos casi nada sobre el físico de los personajes. Ahora piense en las implicaciones de este contraste: ¿por qué será que las situaciones verbales se describen en detalle mientras que los personajes que participan en estas situaciones apenas se describen? En muchos lectores, el cuento produce la sospecha de que les podría pasar lo que le pasa al marido. ¿Cómo contribuye a lograr este efecto el manejo de los modificadores?

B. Lea *Nos han dado la tierra*, de Juan Rulfo. Al volver a leer este cuento, fíjese en la impresión deprimente creada por el autor. Una de las causas de que esta situación nos parezca tan desesperada es el frecuente uso de la negación. Para poder ver esto, subraye todas las frases con un elemento negativo. ¿Todas, acaso la mayoría, contienen la palabra *no*?

Capítulo 10

La modificación: las preposiciones y el caso de **por** y **para**

Para empezar

Ejercicio 1

Traduzca el siguiente cuento tradicional al inglés. Observe que, al igual que en el español en general, las preposiciones se utilizan con mucha frecuencia. Observe también que una preposición en español puede traducirse por más de una preposición en inglés, tal como ocurre en los casos de *en*, *por* y *a* en este texto.

La lechera

En una linda granja, **al** pie **de** las montañas, vivía **con** sus padres una joven lechera. Un día su madre le dijo: "Coge el cántaro **de** leche y llévala **al** mercado, y **con** el dinero que consigas puedes comprarte lo que quieras." La joven cogió el cántaro y se encaminó **hacia** el pueblo, pensando **en** todo lo que podría comprarse. **A** medio camino se paró **a** pensar más despacio: "**Con** el dinero que saque compraré una gallina, y la gallina dará huevos y **de** éstos nacerán polluelos. Los polluelos los cambiaré **por** un ternero, y cuando el ternero se haya convertido **en** un precioso toro, lo venderé y me compraré una casita." Y **al** pensar en su casita, dio un salto de alegría y se le cayó el cántaro y se le rompió **en** mil pedazos, desparramándose toda la leche **por** la tierra. Y así aprendió que no se debe hacer castillos **en** el aire sino que se debe ser feliz **con** lo que se tiene.

Se ha observado en muchas ocasiones que las preposiciones son difíciles de aprender en otra lengua. Sea cual sea la lengua de aprendizaje, el estudiante tardará mucho en dominar por completo las preposiciones. Esta dificultad se debe en parte a su omnipresencia: las preposiciones aparecen tan a menudo que el estudiante tiene que utilizarlas mucho antes de comprenderlas. Además, algunos usos preposicionales son meramente convenciones; ciertas expresiones llevan siempre ciertas preposiciones. Desde luego, estas convenciones se aprenden mejor con la práctica, y no con el análisis.

Cuando no se trata de una frase hecha, sin embargo, conviene saber cómo se definen las preposiciones. La preposición es la palabra contextual por excelencia porque *la preposición es el nombre de una relación*. La definición de una preposición, por decirlo de otra manera, está constituida por los elementos de una relación. El nexo nombrado por la preposición no puede ser analizado sin hacer referencia a los elementos relacionados por ella. La preposición se define, entonces, en función de su contexto.

En español —como en inglés— escasean las preposiciones, mientras que son numerosos los sustantivos, verbos, adjetivos y adverbios. La relativa escasez de las preposiciones en combinación con la alta frecuencia de su uso hace que cada preposición tenga un significado bastante abstracto. Sólo así es posible que unos pocos nombres de relaciones puedan describir el sinnúmero de relaciones que puede haber en el mundo.

Sintácticamente, la preposición siempre aparece acompañada de un complemento nominal. No hay que olvidar que el infinitivo es sintácticamente nominal y que una cláusula también puede tener una función nominal. El complemento preposicional, por lo tanto, puede ser cualquiera de las siguientes entidades:

sustantivo: Tengo miedo de **la soledad**.
pronombre: Tengo miedo de **eso**.
infinitivo: Tengo miedo de **estar solo**.
cláusula: Tengo miedo de **que me dejen solo**.

La combinación de una preposición y su complemento constituye la frase preposicional, y ésta cumple una función modificadora. La frase preposicional funciona como adjetivo cuando ésta modifica un sustantivo o un pronombre (véase el Capítulo 7), es decir, cuando sirve de enlace entre dos frases o cláusulas nominales.

Frase preposicional adjetiva:

<**frase nominal**> modificada por <**preposición + frase/cláusula nominal**>

Ya no se vende <**gasolina**> <**con plomo**>.
Es posible que ganes <**un premio**> <**de algún valor**>.
Me gustan <**las películas**> <**en que hay mucha acción**>.

Cuando la frase preposicional modifica un verbo (o un adverbio o adjetivo), cumple una función adverbial (véase el Capítulo 9). En estos casos, la preposición sirve de enlace entre una frase verbal y una frase o cláusula nominal.

Frase preposicional adverbial:

<**frase verbal**> modificada por <**preposición + frase/cláusula nominal**>

<Estoy loca> <por conocerte>.
<Vamos a caminar> <hasta que nos cansemos>.
<Hazlo> <con mucho cuidado>.

Ejercicio 2

Identifique la función sintáctica —adjetiva o adverbial— de las frases preposicionales que aparecen en la primera oración del texto del Ejercicio 1: "<**En** una linda granja>, <**al** pie <**de** las montañas>>, vivía <**con** sus padres> una joven lechera." Observe que puede haber una frase preposicional dentro de otra, como en el caso de <al pie <de las montañas>>.

Análisis

Nos proponemos en este capítulo explicar el funcionamiento de la preposición en general, sin tratar todas las preposiciones españolas. Haremos énfasis en dos preposiciones que suelen confundirse en boca del estudiante anglohablante: *por* y *para*. La confusión surge en parte porque se traducen *for*, y por otro lado porque representan dos puntos de vista que se pueden emplear para describir en ocasiones una misma relación. El estudio detallado de estas preposiciones nos servirá como ejemplo del funcionamiento de las preposiciones y de paso nos permitirá explicar el significado de algunas otras preposiciones.

En lugar de hacer generalizaciones de muchos ejemplos dispares del uso de *por* y *para*, se va a desarrollar aquí una generalización basada en el significado concreto —es decir, el significado físico— de las preposiciones. Los otros significados se pueden entender como extensiones metafóricas de estos significados concretos.

La metáfora es, en el sentido más amplio, el resultado lingüístico de la facultad comparativa humana. El cerebro humano continuamente está comparando entidades, situaciones, fenómenos, etc. De hecho, el lenguaje no funcionaría sin la metáfora. Las lenguas son sistemas complejos en que los sonidos, los morfemas y las palabras se combinan para producir el lenguaje. A pesar de esta complejidad y riqueza, sin embargo, una lengua es finita: hay muchas más entidades que sustantivos, muchas más situaciones que verbos, etc. Para que una lengua pueda describir todos los elementos que constituyen la realidad, tiene que recurrir a la metáfora —hay que comparar y clasificar. En el caso de las preposiciones, la disparidad entre su escasez y la infinidad de relaciones posibles hace que la metáfora haga un papel importante en su uso.

La preposición *para*

Ya hemos dicho que la preposición sirve como enlace entre dos elementos —llamémoslos B y C. *La preposición **para** define una relación entre estos dos elementos de la siguiente forma: el elemento C es la meta del elemento B.*

B → C

Según las características de B y C, la meta puede tener un carácter físico, temporal o metafórico. Si es físico, B se mueve en la dirección de C.

<Javier (B) se fue ayer> <**para** Bogotá (C)>.
<El delantero lanzó el balón (B)> <**para** el gol (C)>.
<El tren (B)> <**para** la capital (C)> sale a las tres.
Calla —<la maestra (B) viene> <**para** acá (C)>.

Para no define por completo la trayectoria entre B y C; es decir, queda abierta la posibilidad de que B no llegue a C. De esta manera distinguimos entre el empleo de la preposición *a* y el de *para*. *A* define una relación en la que B llega a C.

<Javier (B) se fue ayer> <**a** Bogotá (C)>.

Si Javier se fue ayer *para* Bogotá, existe la posibilidad de que ahora esté en Puerto Rico, con intención de viajar luego a Bogotá. Pero si se fue ayer *a* Bogotá, ya debe encontrarse en esa ciudad.

Si se trata de una relación temporal, el elemento C —la meta— se transforma en un límite temporal. El movimiento físico de B hacia C viene a ser entonces una progresión cronológica.

Necesito el informe **para** el miércoles.
Lo que has de hacer hoy, no lo dejes **para** mañana. *(refrán)*

Nuevamente en estos casos, la preposición *a* señala una relación mediante la cual se llega al complemento, en este caso el límite temporal. La frase *Llegará a la medianoche* se diferencia de *Llegará para la medianoche* en que la llegada será exactamente a las 12 en el primer caso y algo antes de las 12 en el segundo.

La relación que se define con *para* establece la posterioridad de C con respecto a B. Si el complemento preposicional es una cláusula, el verbo subordinado es futuro con respecto a la cláusula principal.

mandato negativo

Para que en todas partes quepas, no hables de lo que no sepas. *(refrán)*

Para que el vino sepa a vino, se ha de beber. *(refrán)*

La futuridad relativa de la cláusula subordinada produce el subjuntivo de los verbos *caber* y *saber* de las frases anteriores. Dado el significado de la preposición *para,* la conjunción *para que* rige siempre el subjuntivo: la situación verbal subordinada a *para que* jamás será realizada con respecto a la cláusula principal (veáse el Capítulo 4 sobre el subjuntivo).

Esta relación de posterioridad existe, por supuesto, aún cuando el verbo no está conjugado. El infinitivo funciona como sustantivo, o sea que es sintácticamente nominal a la vez que nombra una situación verbal.

Para ser burro no es menester estudio. *(refrán)*

Ejercicio 3

Conjugue en el subjuntivo los verbos que aparecen en negritas. El tiempo del verbo dependerá del tiempo del verbo principal.

1. Te voy a dar este cassette para que lo **escuchar**. *escuches*
2. Pasé mucho tiempo elaborando mi idea para que le **gustar** a mi jefe. *gustara*
3. Los anuncios nos manipulan para que **comprar** más de la cuenta. *compremos*
4. Para que **funcionar** la democracia, los ciudadanos tienen que votar. *funcione*
5. Para que la gente **ir** al cine, se ofrecían premios y descuentos. *vaya / fuera*
6. Ponen los dibujos animados los sábados por la mañana para que los padres **poder** dormir. *puedan*

En muchos casos, no es posible separar los aspectos físicos de los temporales. Mientras se progresa hacia una meta, se pasa por el espacio, y este progreso implica inevitablemente el paso por el tiempo. En el siguiente ejemplo, el complemento de *para* es una meta en los dos sentidos, el físico y el temporal.

Para el último viaje, no es menester el equipaje. *(refrán)*

Ejercicio 4

Cada una de las siguientes frases puede completarse de varias maneras. Compare sus respuestas con las de sus compañeros.

1. La escoba se usa para...
2. Mis padres trabajaron duro para... *ganar dinero*
3. Si la fiesta empieza a las 8, tengo que tener todo listo para... *llegar a tiempo*
4. No sabía qué comprar para... *sus cumpleaños*
5. Para..., es muy alto. *un miembro de mi familia*
6. Para..., sólo hay que pedir permiso.

ir al cine

La preposición *por*

En la relación que se llama *para*, los elementos B y C se aproximan, pero no hay contacto entre ellos. En contraste, en la relación que se llama *por*, B y C entran en contacto entre sí.

B — C →

En términos físicos, ***la forma de C determina la trayectoria de B porque B pasa a través del espacio ocupado por C***. Según las dimensiones de C, B puede moverse en una, dos o tres dimensiones.

<Las ondas (B) se transmiten> <**por** un alambre (C)>.
<El ladrón (B) entró> <**por** la ventana (C)>.
<Los niños (B) están corriendo> <**por** la playa (C)>.

Al tratarse de una relación estativa entre B y un punto C en el espacio, el elemento B se encuentra cerca de este punto.

<Las llaves (B) deben de estar> <**por** aquí (C)>.

En términos temporales, si el complemento de *por* es un período de tiempo, la acción de la cláusula principal transcurre durante este período.

Por esa época trabajaba día y noche.
Ven mañana **por** la tarde.

Al tratarse de un punto en el tiempo, la situación verbal ocurre alrededor —desde un poco antes hasta un poco después— de este punto.

Por San Marcos (el 25 de abril), agua en los charcos. *(refrán)*

En los casos que hemos citado y en muchos otros, el elemento C da a otro espacio: las ondas pueden pasar por el alambre a un aparato, el ladrón por la ventana al interior de una casa y los niños por la playa al agua. El espacio contiguo a C puede ser explícitamente señalado, como en los siguientes ejemplos.

Vaya **por** este pasillo y a la derecha.

Antes de llegar a mi casa, tienes que caminar **por** el parque.

El complemento de *por*, entonces, viene a ser una antesala o el espacio por el que se tiene que pasar rumbo a otro sitio. En términos temporales, el complemento de *por* es cronológicamente anterior a otra situación. Es por esto que la cláusula introducida por la preposición *por* se entiende como la causa o fuerza motriz de la cláusula principal.

Porque no trabajan

Por no trabajar, muchos van a cazar o pescar. *(refrán)*

Porque llevártelo no pudiste, al morir lo diste. *(refrán)*

En muchos casos, no es posible separar los aspectos físicos de los temporales; lo temporalmente anterior será necesariamente una causa, y viceversa. En las frases pasivas, por ejemplo, *por* introduce el agente, la entidad que inicia la acción (véase el Capítulo 6).

Cien años de soledad fue escrito **por** García Márquez.

El uso metafórico de *por* se destaca en muchos refranes populares.

El diablo sabe más **por** *porque es* viejo que **por** *porque es* diablo. *(refrán)*

Por la buena portada se vende la casa. *(refrán)*

Ejercicio 5

Cada una de las siguientes frases puede completarse de varias maneras. Compare sus respuestas con las de sus compañeros.

1. Por ..., me pusieron una multa. *fin* *conducir rápido*
2. Las cucarachas se escapan por ... *la ventana abierta*
3. Por ser norteamericano, ... *vivo en los EEUU o Canada*

4. Paco me cae muy bien porque ...
5. Por ... se ven unos paisajes preciosos. ~~su trabajo~~ *la ventana*
6. Juanín parece más listo de lo que es por ...
7. Siempre tenemos mucho trabajo por ... *la vida de un estudiante*
8. Por las navidades ... *iré a CT.*

La preposición *de* coincide en algunos aspectos con el significado de *por*. **De es conocida como la preposición partitiva, lo que quiere decir que relaciona una parte (B) con la totalidad de la que proviene (C).**

<Marcos (B) es> <**de** Nicaragua (C)>.

<Las mejores guitarras (B) están hechas> <**de** palo de rosa (C)>.

La preposición *de* impone su significado partitivo aun cuando la parte B no está especificada. Por ejemplo, cuando a una persona se le pregunta

¿Quieres **de** este postre?

no se trata de ofrecerle todo el postre, sino sólo una parte. Debido a que la preposición es el nombre de una relación, se sobreentiende que B tiene que ser el complemento directo del verbo transitivo *querer*. Y dado el significado partitivo de la preposición *de*, es de suponer que B forma parte de C.

Puesto que la totalidad es el origen de la parte, *de* parece compartir el significado causativo de *por*. La diferencia es que la relación establecida por *de* es siempre una relación estática. En contraste, el movimiento implícito en la relación llamada *por* produce una verdadera causalidad.

El contraste entre *por* y *de* queda reflejado en los siguientes ejemplos.

Es el diputado **por** la capital.
Es el diputado **de** la capital.

El diputado por la capital tiene una relación activa con respecto a esa ciudad: representa a los ciudadanos de la capital en la cámara legislativa. En contraste, *el diputado de la capital* ha nacido allí o sencillamente viene de esa ciudad.

La princesa llegó acompañada **por** un italiano. accompanied by
La princesa llegó acompañada **de** un italiano. in the company of

El italiano es el galán de la princesa en el caso de *por;* la acompaña asidua y personalmente. En el caso de *de*, el italiano acompaña a la princesa de una manera protocolaria; sólo forma parte de su séquito. Una vez más, la relación llamada *por* tiene un matiz activo que no está presente en la relación partitiva llamada *de*.

Ejercicio 6

Vuelva a examinar el diálogo entre el cliente y el cajero del Capítulo 3 (pág. 48). Allí verá varios ejemplos del uso de *de* para señalar origen, constitución y pertenencia. ¿Entiende ahora por qué estas relaciones se consideran partitivas?

El contraste entre *por* y *para*

En resumen, el complemento de *para* es siempre una meta hacia donde se dirige el otro elemento de la relación, ya sea de forma física, temporal o metafórica. El complemento de *por* es traspasado por el otro elemento, y éste luego puede pasar a otro espacio físico, temporal o metafórico. Esta diferencia permite establecer muchos contrastes semánticos.

Las dos frases que aparecen a continuación ejemplifican el contraste de una manera muy clara. Este tipo de frase es común en las pequeñas etiquetas que identifican muchos productos de consumo.

fabricado **por** Hnos. Segarra, S.A. *el agente*
fabricado **para** Hnos. Segarra, S.A. *el recipiente*

Si Hnos. Segarra es el productor del producto, se utiliza *por*. Pero si el producto fue hecho por otros con el fin de que Hnos. Segarra fuera el vendedor o distribuidor, se dice que fue hecho *para* ellos.

El mismo contraste se da en términos temporales.

Javier ha dejado el trabajo **por** ahora. *for the time being*
Javier ha dejado el trabajo **para** ahora. *by now*

En el primer caso, el período de tiempo señalado empieza en el presente; desde el momento actual, Javier deja el trabajo. Con *para*, el período termina en el presente; el momento actual cierra el tiempo en el que no ha trabajado Javier.

El contraste señalado a continuación es más abstracto, pero responde a los mismos criterios.

Por ser religioso, Juancho es bastante honesto. *b/c he is relig.*
Para ser religioso, Juancho es bastante honesto. *in order to be rel.*

Comparación a otros

En el primer caso, se dice que Juancho es honesto porque es religioso. Se parte del hecho de que Juancho es una persona religiosa, y el empleo de *por* establece una relación causativa entre la religión y el ser honesto. En el segundo caso, el hablante compara a Juancho con la típica persona religiosa, y expresa que Juancho es más honesto que el prototipo. Es decir, Juancho no es como el prototipo en todos los sentidos, pero sí se le aproxima en su honestidad. Tal como se esperaría, la preposición *para* establece un desfase entre su complemento y la cláusula principal.

El papel de causa que desempeña el complemento de *por* lo distingue del complemento de *para*, que desempeña el papel de resultado. Gráficamente, se puede contrastar las dos preposiciones así: *por* / causa = *para* / resultado.

Te lo compré **por**que te hacía ilusión.

indic.

↙ Subjuntivo

Te lo compré **para** que te hiciera ilusión.

Aunque se suele emplear el indicativo después de *porque*, también puede aparecer el subjuntivo. En una frase como *Está loco por que venga la primavera*, la preposición sigue siendo causativa, pero en este caso es algo irreal —la primavera que aún no ha llegado —que produce la locura.

Hay un contraste en el que participan las preposiciones *por* y *para* que ha suscitado el comentario erróneo de que *por* y *para* a veces quieren decir prácticamente lo mismo.

Todo lo que hace Susana, lo hace **por** sus hijos. *b/c of*
Todo lo que hace Susana, lo hace **para** sus hijos. *for*

Lo que hace Susana es inspirado en sus hijos en el caso de *por*, o sea que el complemento de *por* desempeña un papel causativo en este caso, como en muchos otros. Se puede inferir que los hijos sacan algún beneficio de lo que hace Susana, aunque esto no queda explícito. Por otro lado, la frase con *para* significa explícitamente que los hijos reciben los beneficios de lo que hace su madre, debido al papel de meta desempeñado por el complemento de *para*. Entonces, no se trata aquí de una neutralización de significado preposicional, sino de una coincidencia parcial de dos relaciones.

Ejercicio 6

Elija entre *por* y *para* para completar los espacios en blanco. Si no sabe qué preposición elegir, consulte las pistas que aparecen entre paréntesis.

(Después de las navidades)

ROSALIA: ¿Qué le vas a comprar a Jorge _para_ su cumpleaños? (esta fecha está en el futuro)

BEATRIZ: ¡Dios mío! Tengo tantos primos que se me había olvidado. Pero a lo mejor encuentro algo en las rebajas _por_ poco dinero. (la entrega del dinero produce la transacción)

ROSALIA: Mira, iba a devolver este libro pero si quieres te lo dejo _para_ que se lo regales. (el acto de regalarle el libro todavía no se ha producido)

BEATRIZ: *El beso de la mujer araña.* ¿No te gusta Puig?

ROSALIA: Sí, me gusta mucho y _por_ eso me había comprado el libro antes de que me lo regalara Manuel. (primero le gustó y luego se lo compró)

BEATRIZ: Lo más probable es que lo tenga Jorge también.
para ingeniero, lee mucho. (comparado con otros ingenieros, lee mucho)

ROSALIA: Lee, sí, pero sólo lee novelas policíacas. No tendrá nada de Puig. Dáselo, y si no le gusta, que lo devuelva él. Quedará impresionado _por_ tu cultura. (su cultura producirá la impresión)

BEATRIZ: Bueno, me has convencido. ¿Qué te debo _por_ este bonito regalo? (el regalo produce la deuda)

Las conjunciones *porque* y *para que*

Hasta ahora, todo lo que aparece después de una preposición se ha analizado como un sustantivo. Por ejemplo, la frase *Te lo compré porque te hacía ilusión* se analiza de la siguiente manera:

<Te lo compré> **por** <que te hacía ilusión = cláusula nominal>.

Hay también otro análisis, sugerido por la ortografía de la palabra *porque*: la combinación de *por* + *que* puede considerarse una **conjunción**, o sea **una palabra o expresión que liga una oración con otra**. Según este análisis, la frase se dividiría de otra manera:

<Te lo compré> **porque** <te hacía ilusión = oración>.

Evidentemente, los dos análisis son válidos. El lenguaje mismo a veces separa *por* de *que*: la variante interrogativa de *porque* es *por qué*, y se puede separar *por* de *que* cuando el verbo en la cláusula subordinada está en el subjuntivo. Entonces, se trata de reconocer que la estructura interna de la frase preposicional admite más de un análisis, mientras que la función de la frase preposicional sigue siendo o adverbial o adjetiva, según el caso.

De la misma manera, *para* puede analizarse como una preposición que introduce un complemento nominal, o como parte de la conjunción *para que*.

<Lo compré> **para** <que te hiciera ilusión = cláusula nominal>.

vs.

<Lo compré> **para que** <te hiciera ilusión = oración>.

✦✧✦✧✦✧✦✧ *Más práctica* ✦✧✦✧✦✧✦✧

Ejercicio 7: Vuelva a leer el cuento del Ejercicio 1. La preposición *por* es usada dos veces. ¿Puede Ud. explicar estos usos basándose en lo que ha aprendido en este capítulo?

Ejercicio 8: Aquí aparecen algunos refranes tomados de la tradición oral. Cada refrán encierra un consejo. ¿Se debe usar *por* o *para* para comunicar el consejo? En algunos casos (2 y 6) parece que se puede utilizar o *por* o *para*, pero los significados que resultan no son iguales. ¿Cuáles son estos significados? ¿Cómo será el verdadero refrán?

1. _Por____ lo estrecho se va al cielo, y _para___ lo ancho al infierno.
2. _Por/Para_ mirar a la luna, caí en la laguna. [Para–In order to / Por – by looking at]
3. ___Para__ llenar de almas el infierno, inventó el diablo el dinero.
4. _Por/Para_ Dios dejan los huesos los que al diablo la carne dieron. [→ meta de los huesos]
5. ___Por___ los pobres agricultores son ricos los señores.
6. _Por/Para_ la muerte, no hay hombre fuerte. [Through death–por / For the dead–para]
7. _Para___ mentir y comer pescado, hay que tener mucho cuidado.
8. _Por___ el equipaje se conoce al pasajero.

Ejercicio 9: Complete el siguiente párrafo empleando *por* o *para*. Lea el párrafo antes de elegir: hay que saber cómo es una relación antes de fijarle un nombre preposicional.

LOS PREMIOS NOBEL HISPANOAMERICANOS

A cinco escritores hispanoamericanos se les ha otorgado el Premio Nobel de literatura, reconociendo así la obra de Miguel Angel Asturias, Gabriela Mistral, Pablo Neruda, Gabriel García Márquez y Octavio Paz. ¿_Por___ qué será que Hispanoamérica ha producido tanta literatura de tan alta calidad? Seguro que estos autores no escriben _para_ un gran número de lectores —por lo menos en sus propios países. _Por___ una serie de razones —entre ellas el alto índice de analfabetismo en Latinoamérica, la relativa escasez de editoriales, y la falta de dinero _para___ la compra de libros— sólo algunos de sus conciudadanos tienen acceso a sus escritos. Puede ser que la angustia social haya agudizado la sensibilidad del escritor hispanoamericano —tal como ha sucedido en el mundo literario del Sur de los Estados Unidos. El caso es que _para_ mucha gente, humildes lectores e insignes críticos, la literatura hispanoamericana representa una incomparable fusión de sensibilidad humana y originalidad estética. Y _para_ el cineasta, García Márquez se dedica ahora a dirigir un taller que produce guiones de películas y telenovelas. El autor colombiano aspira así a difundir su arte _por_ otras vías de comunicación.

Ejercicio 10: Mientras que en el inglés la preposición puede aparecer al final de la frase, en español debe colocarse delante de su complemento. Traduzca estas frases al español, y coloque la preposición en el sitio adecuado. Hay que emplear las preposiciones *a*, *de* y *con*, además de *por* y *para*.

1. What did you do that **for**? _Para qué lo ha ¿Por qué lo haces?_
2. I don't remember who I gave it **to**. _No recuerdo a quien lo di._
3. I'd like to know what this soup is made **of**. _Me gustaría saber de que está esta sopa está_
4. This movie isn't worth going out of the house **for**. _Este cine no está vale la pena salir la casa por por este cine._
5. My cousin studies at the same school his mother went **to**. _Mi primo estudia a la misma escuela que su madre atendí_
6. Making cookies is what I bought the raisins **for**. _Hacer galletas es por que compré los raisins_
7. David is somebody I'd like to go out **with**.
8. That's the man that my father works **for**.

Lecturas: *Aplicación de la gramática*

Lea *La Kasa K K*. Las siguientes frases tomadas del texto contienen las preposiciones *por* y *para*. Localice estas frases en el texto y luego compruebe de qué forma se ejemplifican los patrones semánticos establecidos en este capítulo.

propósito Si fueron o no fueron felices, no sé, además no importa saberlo **para** nuestro cuento.

motivo **Por** esas peripecias de la vida se casó con un indio de Chamita.

razón Feliberto y Leonila habían sido los solteros más procurados **por** los padres de hijos casaderos...

Al pasar el tiempo, acaso **por** las circunstancias que les unían ... llegaron a quererse. *causa*

Nadie supo nada cierto de él **por** muchos años. *duración*

Los esfuerzos, fruncidos y pucheros de Sally **para** producir un *lamb stew* auténtico resultaban aún más divertidos. *afecto*

Para poner motes no nos gana nadie. *afecto*

Si hoy van ustedes a Tierra Amarilla verán los huesos blanquizcos de la Kasa K K, asolados y asoleados **por** el tiempo, el sol y el descuido. *duración*

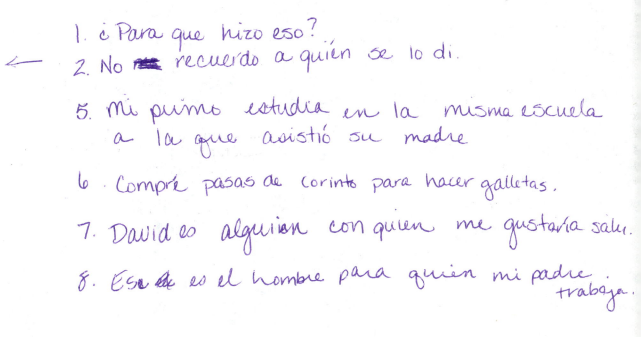

1. ¿Para que hizo eso?
2. No ~~re~~ recuerdo a quién se lo di.

5. Mi primo estudia en la misma escuela a la que asistió su madre

6. Compré pasas de corinto para hacer galletas.

7. David es alguien con quien me gustaría salir.

8. Ese ~~de~~ es el hombre para quién mi padre trabaja.

Lecturas

tiempo - imperfecto

Agueda

Pío Baroja y Nessi

Pío Baroja (1872-1956) fue una de las figuras literarias españolas más importan-
tes de la primera parte de este siglo, y su copiosa producción literaria abarca casi
todos los géneros. Este cuento temprano, de la colección acertadamente titulada
Vidas Sombrías, *ejemplifica la cuidadosa ambientación de toda la obra barojiana.*

write in many different forms

Sentada junto a los cristales, con la almohadilla de hacer **encaje**[1] apoyada en una
madera del balcón, hacía saltar los pedacillos de **boj**[2] entre sus dedos. Los hilos
se entrecruzaban con fantásticos **arabescos**[3] sobre el cartón rojo **cuajado**[4] de
alfileres, y la danza rápida de los trocitos de madera entre sus manos producía un
ruido de huesos claro y vibrante.

apoyar = to lean

Cuando se cansaba de hacer encaje cogía un **bastidor**[5] grande, cubierto con
papeles blancos, y se ponía a bordar con la cabeza inclinada sobre la tela.

Era una muchacha rubia, angulosa. Tenía uno de los hombros más alto que
el otro; sus cabellos eran de tono **bermejo**[6]; las facciones desdibujadas y sin forma.

El cuarto en donde estaba era grande y algo obscuro. Se respiraba allí dentro
un aire de **vetustez**[7]. Los cortinones amarilleaban, las pinturas de las puertas y el
balcón se habían **desconchado**[8] y la alfombra estaba **raída**[9] y sin brillo.

Frente al balcón se veía un **solar**[10], y hacia la derecha de éste una plaza de un
barrio solitario y poco transitado del centro de Madrid.

---

[1] **el encaje** - tela transparente que sirve para adornar sábanas y vestidos de novia.
[2] **el boj** - madera dura
[3] **el arabesco** - adorno o dibujo caprichoso
[4] **cuajado (-a)** - recargado, cubierto por completo
[5] **el bastidor** - marco que sirve para aguantar los bordados mientras se trabajan
[6] **bermejo (-a)** - rojo
[7] **la vetustez** - vejez exagerada
[8] **desconchar** - quitar parte del esmalte
[9] **raído (-a)** - gastado
[10] **el solar** - terreno donde se va a edificar

El solar era grande, rectangular; dos de sus lados los constituían las paredes de unas casas vecinas, de esas modernas, sórdidas, miserables, que parecen viejas a los pocos meses de construidas.

Los otros lados los formaban una **empalizada**[11] de tablas, a las cuales el calor y la lluvia iban **carcomiendo**[12] poco a poco.

La plaza era grande e irregular; en un lado tenía la **tapia**[13] de un convento con su iglesia; en otro una antigua casa **solariega**[14] con las ventanas siempre cerradas herméticamente; el tercero lo constituía la empalizada del solar.

En invierno el solar se entristecía; pero llegaba la primavera y los **hierbajos**[15] daban flores y los **gorriones**[16] hacían sus nidos entre las **vigas**[17] y los **escombros**[18], y las mariposas blancas y amarillas, paseaban por el aire limpio y vibrante, las ansias de sus primeros y últimos amores...

(nota manuscrita: barrio donde viven)

(nota manuscrita: vida nueva)

La muchacha rubia se llamaba Agueda y tenía otras dos hermanas.

Su padre era un hombre **apocado**[19], sin energía; un coleccionador de **bagatelas**[20], fotografías de actrices y estampas de cajas de fósforos. Tenía una mediana **renta**[21] y un buen sueldo.

La madre era la dueña absoluta de la casa, y con ella compartía su dominio Luisa, la hermana mayor.

De los tres dominados de la familia, Matilde, la otra hermana, protestaba; el padre se refugiaba en sus colecciones, y Agueda sufría y se resignaba. No entraba ésta nunca en las combinaciones de sus dos mayores hermanas que con su madre iban, en cambio, a todas partes.

Agueda tenía esa timidez que dan los defectos físicos, cuando el alma no está llena de rebeldías. Se había acostumbrado a decir que no a todo lo que **transcendiera**[22] a diversión.

—¿Quieres venir al teatro? —le decían con cariño, pero deseando que dijera que no.

Y ella, que lo comprendía, contestaba sonriendo:

—Otra noche.

---

[11] **la empalizada** - cerca hecha de palos
[12] **carcomer** - podrir (*dicho de la madera*)
[13] **la tapia** - pared hecha de tierra o adobe
[14] **solariego (-a)** - antiguo, noble
[15] **el hierbajo** - mala hierba
[16] **el gorrión** - pájaro de plumaje gris oscuro   *sparrows*
[17] **la viga** - madera que aguanta los techos y el tejado de un edificio
[18] **el escombro** - desecho, desperdicio
[19] **apocado (-a)** - de poco ánimo
[20] **la bagatela** - cosita frívola
[21] **la renta** - fuente de capital
[22] **trascender (antiguamente, transcender)** - tener consecuencias

(nota manuscrita: mariposa - brevedad de la vida; transformación; brillante vida corta; hermosa, frágil)

En visita era una de **elogios**[23] para ella, que la turbaban. Su madre y sus hermanas a coro aseguraban que era una joya, un encanto, y le hacían enseñar sus bordados y tocar el piano, y ella sonreía; pero después, sola en su cuarto, lloraba...

La familia tenía muchas relaciones, y se pasaban los días, la madre y las dos hijas mayores, haciendo visitas, mientras la pequeña disponía lo que había que hacer en la casa.

Entre los amigos de la familia había un abogado joven, de algún talento. Era un hombre de inteligencia sólida y de una ambición **desmesurada**[24]. Más amable o menos superficial que los otros, gustaba hablar con Agueda, que cuando le daban confianza se mostraba tal como era, llena de ingenuidad y de gracia.

El abogado no advertía que la muchacha ponía toda su alma cuando le escuchaba; para él era un entretenimiento hablar con ella. Al cabo de algún tiempo comenzaron a extrañarse; Agueda estaba muy alegre, solía cantar por las mañanas y se adornaba con más coquetería.

Una noche el abogado le preguntó a Agueda sonriendo, si le gustaría que él formase parte de la familia; Agueda, al oírlo, se turbó; la luz de la sala dio vueltas ante sus ojos y se dividió en mil y mil luces...

—He pedido a sus papás la mano de Luisa —concluyó el abogado.

Agueda se puso muy pálida y no contestó.

Se encerró en su cuarto y pasó la noche llorando.

Al día siguiente, Luisa, su hermana, le contó lo que le había pasado, cómo habían ocultado su novio y ella sus amores, hasta que él consiguió un puesto que ambicionaba.

La boda sería en otoño; había que empezar a preparar los **ajuares**[25]. La ropa blanca se enviaría a que la bordase una bordadora; pero quería que los almohadones y la **colcha**[26] para la cama del matromonio se los bordase su hermanita Agueda.

Esta no se opuso y comenzó con tristeza su trabajo.

Mientras junto al balcón hacía saltar los pedacillos de boj entre sus dedos, cada pensamiento suyo era un dolor. Veía en el porvenir su vida, una vida triste y monótona. Ella también soñaba en el amor y en la maternidad, y si no lloraba en aquellos momentos al ver la indiferencia de los demás, era para que sus lágrimas no dejasen huellas en el bordado.

A veces una esperanza loca le hacía creer que allá, en aquella plaza triste, estaba el hombre a quien esperaba; un hombre fuerte para respetarle, bueno para

---

[23] **el elogio** - alabanza
[24] **desmesurado (-a)** - excesivo
[25] **el ajuar** - pertenencias, sobre todo ropas, que reúne la novia antes de casarse
[26] **la colcha** - cobertura de cama

for her
to love

amarle; un hombre que venía a buscarla, porque adivinaba los tesoros de ternura que guardaba en su alma; un hombre que iba a contarle en voz baja y suave los misterios inefables del amor.

to tell her

Y por la plaza triste pasaban a ciertas horas, como seres cansados por la **pesadumbre**[27] de la vida, algunos hombres cabizbajos que salían del almacén o del escritorio, pálidos, **enclenques**[28], **envilecidos**[29] como animales domesticados, y el hombre fuerte para respetarle, bueno para quererle, no venía, por más que el corazón de Agueda le llamaba a gritos.

eco
poco cambiado

Y en el solar, lleno de flores silvestres, las abejas y los moscones revoloteaban sobre los escombros y las mariposas blancas y amarillas paseaban por el aire limpio y vibrante, las ansias de sus primeros y últimos amores...

---

[27] **la pesadumbre** - tristeza
[28] **enclenque** - enfermizo
[29] **envilecido (-a)** - degradado

vida de mariposas vs. vida de Agueda

Continuidad de los parques

JULIO CORTÁZAR

Aunque el argentino Julio Cortázar (1914-1984) vivió más de treinta años en Europa, comparte con sus compatriotas un afán por descubrir o definir la realidad argentina. En este cuento se destacan su preocupación por los límites de la realidad y su habilidad para involucrar al lector en el acto de crear literatura.

Había empezado a leer la novela unos días antes. La abandonó por negocios urgentes, volvió a abrirla cuando regresaba en tren a la finca; se dejaba interesar lentamente por la trama, por el dibujo de los personajes. Esa tarde, después de escribir una carta a su **apoderado**[1] y discutir con el mayordomo una cuestión de **aparcerías**[2], volvió al libro en la tranquilidad del estudio que miraba hacia el parque de los robles. **Arrellanado**[3] en su sillón favorito, de espaldas a la puerta que lo hubiera molestado como una irritante posibilidad de intrusiones, dejó que su mano izquierda acariciara una y otra vez el **terciopelo**[4] verde y se puso a leer los últimos capítulos. Su memoria retenía sin esfuerzo los nombres y las imágenes de los protagonistas; la ilusión novelesca lo ganó casi en seguida. Gozaba del placer casi perverso de irse **desgajando**[5] línea a línea de lo que lo rodeaba, y sentir a la vez que su cabeza descansaba cómodamente en el terciopelo del alto respaldo, que los cigarrillos seguían al alcance de la mano, que más allá de los ventanales danzaba el aire del atardecer bajo los robles. Palabra a palabra, absorbido por la sórdida **disyuntiva**[6] de los héroes, dejándose ir hacia las imágenes que se concertaban y adquirían color y movimiento, fue testigo del último encuentro en

---

[1] **el apoderado** - el que tiene poder de otro para representarlo
[2] **la aparcería** - contrato para repartir los beneficios del ganado entre su dueño y el que lo cuida
[3] **arrellanado (-a)** - extendido cómodamente
[4] **el terciopelo** - tela tupida y velluda por una cara
[5] **desgajar** - separar
[6] **la disyuntiva** - dilema

ambiente de la novela

la cabaña del monte. Primero entraba la mujer, recelosa; ahora llegaba el amante, lastimada la cara por el **chicotazo**[7] de una rama. Admirablemente restañaba[8] ella la sangre con sus besos, pero él rechazaba las caricias, no había venido para repetir las ceremonias de una pasión secreta, protegida por un mundo de hojas secas y senderos furtivos. El **puñal**[9] se entibiaba contra su pecho, y debajo latía la libertad **agazapada**[10]. Un diálogo **anhelante**[11] corría por las páginas como un arroyo de serpientes, y se sentía que todo estaba decidido desde siempre. Hasta esas caricias que enredaban el cuerpo del amante como queriendo retenerlo y disuadirlo, dibujaban abominablemente la figura de otro cuerpo que era necesario destruir. Nada había sido olvidado: **coartadas**[12], **azares**[13], posibles errores. A partir de esa hora cada instante tenía su empleo minuciosamente atribuido. El doble repaso **despiadado**[14] se interrumpía apenas para que una mano acariciara una mejilla. Empezaba a anochecer.

Sin mirarse ya, atados rígidamente a la tarea que los esperaba, se separaron en la puerta de la cabaña. Ella debía seguir por la senda que iba al norte. Desde la senda opuesta él se volvió un instante para verla correr con el pelo suelto. Corrió a su vez, **parapetándose**[15] en los árboles y los **setos**[16], hasta distinguir en la bruma malva del crepúsculo la alameda que llevaba a la casa. Los perros no debían ladrar, y no ladraron. El mayordomo no estaría a esa hora, y no estaba. Subió los tres peldaños del porche y entró. Desde la sangre galopando en sus oídos le llegaban las palabras de la mujer: primero una sala azul, después una galería, una escalera alfombrada. En lo alto, dos puertas. Nadie en la primera habitación, nadie en la segunda. La puerta del salón, y entonces el puñal en la mano, la luz de los ventanales, el alto respaldo de un sillón de terciopelo verde, la cabeza del hombre en el sillón leyendo una novela.``

no verbos

---

[7] **el chicotazo** - golpe dado con un látigo

[8] **restañar** - parar (de sangrar)

[9] **el puñal** - daga

[10] **agazapado (-a)** - agachado para enconderse

[11] **anhelante** - ansioso

[12] **la coartada** - el estar en otro sitio en el momento en que se comete un delito

[13] **el azar** - factor imprevisto

[14] **despiadado (-a)** - cruel

[15] **parapetarse** - refugiarse

[16] **el seto** - arbusto que se utiliza para circundar una propiedad

La enemiga

Virgilio Díaz Grullón

El dominicano Virgilio Díaz Grullón, nacido en 1924, ha sabido compaginar su amor por la literatura con su profesión de banquero, y ha producido abundante prosa y ficción. La sencillez y la sutileza que caracterizan La enemiga hacen que sea uno de los cuentos más comentados del autor.

Recuerdo muy bien el día en que papá trajo la primera muñeca en una caja grande de cartón envuelta en papel de muchos colores y atada con una cinta roja, aunque yo estaba entonces muy lejos de imaginar cuánto iba a cambiar todo como consecuencia de esa llegada inesperada.

Aquel mismo día comenzaban nuestras vacaciones y mi hermana Esther y yo teníamos planeadas un montón de cosas para hacer en el verano, como, por ejemplo, la construcción de un refugio en la rama más gruesa de la **mata**[1] de jobo, la cacería de mariposas, la organización de nuestra colección de sellos y las prácticas de béisbol en el patio de la casa, sin contar las idas al cine en las tardes de domingo. Nuestro vecinito de enfrente se había ido ya con su familia a pasar las vacaciones en la playa y esto me dejaba a Esther para mí solo durante todo el verano.

Esther cumplía seis años el día en que papá llegó a casa con el regalo. Mi hermana estaba excitadísima mientras desataba nerviosamente la cinta y rompía el envoltorio. **Yo me asomé**[2] por encima de su hombro y observé cómo iba surgiendo de los papeles arrugados aquel **adefesio**[3] ridículo vestido con un trajecito azul que le dejaba al aire una buena parte de las piernas y los brazos de goma. La cabeza era de un material duro y blanco y en el centro de la cara tenía una estúpida sonrisa petrificada que odié desde el primer momento.

---

[1] **la mata** - árbol
[2] **asomarse** - empezar a mostrarse
[3] **el adefesio** - persona ridícula

Cuando Esther sacó la muñeca de la caja vi que sus ojos, provistos de negras y gruesas pestañas que parecían humanas, se abrían o cerraban según se la inclinara hacia atrás o hacia adelante y que aquella idiotez se producía al mismo tiempo que un **tenue**[4] **vagido**[5] que parecía salir de su vientre invisible.

Mi hermana recibió su regalo con un entusiasmo exagerado. Brincó de alegría al comprobar el contenido del paquete y cuando terminó de desempacarlo tomó la muñeca en brazos y salió corriendo hacia el patio. Yo no la seguí y pasé el resto del día **deambulando**[6] por la casa sin hacer nada en especial.

Esther comió y cenó aquel día con la muñeca en el **regazo**[7] y se fue con ella a la cama sin acordarse de que habíamos convenido en clasificar esa noche los sellos africanos que habíamos **canjeado**[8] la **víspera**[9] por los que teníamos repetidos de América del Sur.

Nada cambió durante los días siguientes. Esther se concentró en su nuevo juguete en forma tan absorbente que apenas nos veíamos en las horas de comida. Yo estaba realmente preocupado, y con razón, en vista de las ilusiones que me había **forjado**[10] de tenerla a mi disposición durante las vacaciones. No podía construir el refugio sin su ayuda y me era imposible ocuparme yo solo de la caza de mariposas y de la clasificación de los sellos, aparte de que me aburría mortalmente tirar hacia arriba la pelota de béisbol y **apararla**[11] yo mismo.

Al cuarto día de la llegada de la muñeca ya estaba convencido de que tenía que hacer algo para retornar las cosas a la normalidad que su presencia había interrumpido. Dos días después sabía exactamente qué. Esa misma noche, cuando todos dormían en la casa, entré **de puntillas**[12] en la habitación de Esther y tomé la muñeca de su lado sin despertar a mi hermana a pesar del triste vagido que produjo al moverla. Pasé sin hacer ruido al cuarto donde papá guarda su caja de herramientas y cogí el cuchillo de monte y el más pesado de los martillos y, todavía de puntillas, tomé una toalla del cuarto de baño y me fui al fondo del patio, junto al **pozo**[13] muerto que ya nadie usa. Puse la toalla abierta sobre la **yerba**[14], coloqué en ella la muñeca—que cerró los ojos como si presintiera el peligro—y de tres violentos martillazos le pulvericé la cabeza. Luego desarticulé con el cuchillo las cuatro extremidades y, después de sobreponerme al susto que

---

[4] **tenue** - delicado
[5] **el vagido** - llanto del recién nacido
[6] **deambular** - caminar sin rumbo
[7] **el regazo** - parte del cuerpo humano donde se sienta a un niño
[8] **canjear** - cambiar
[9] **la víspera** - día anterior
[10] **forjar** - inventar
[11] **aparar** - coger
[12] **de puntillas** - sobre la punta de los pies
[13] **el pozo** - hoyo que se hace en la tierra para sacar agua
[14] **la yerba** - hierba

Climax

me dio oír el vagido por última vez, descuarticé el torso, los brazos y las piernas convirtiéndolos en un montón de piececitas menudas. Entonces enrollé la toalla envolviendo los **despojos**[15] y tiré el bulto completo por el negro agujero del pozo. Tan pronto regresé a mi cama me dormí profundamente por primera vez ~~un~~ *en* mucho tiempo.

Los tres días siguientes fueron de duelo para Esther. Lloraba sin consuelo y me rehuía continuamente. Pero a pesar de sus lágrimas y de sus reclamos insistentes no pudo convencer a mis padres de que le habían robado la muñeca mientras dormía y ellos persistieron en su creencia de que la había dejado por descuido en el patio la noche anterior a su desaparición. En esos días mi hermana me miraba con un **atisbo**[16] de desconfianza en los ojos pero nunca me acusó abiertamente de nada.

Después las aguas volvieron a su nivel y Esther no mencionó más la muñeca. El resto de las vacaciones fue transcurriendo plácidamente y ya a mediados del verano habíamos terminado el refugio y allí pasábamos muchas horas del día pegando nuestros sellos en el álbum y organizando la colección de mariposas.

Fue hacia fines del verano cuando llegó la segunda muñeca. Esta vez fue mamá quien la trajo y no vino dentro de una caja de cartón, como la otra, sino envuelta en una frazada color de rosa. Esther y yo presenciamos cómo mamá la colocaba con mucho cuidado en su propia cama hablándole con voz suave, como si ella pudiese oírla. En ese momento, mirando de reojo a Esther, descubrí en su actitud un sospechoso interés por el nuevo juguete que me ha convencido de que debo librarme también de este otro **estorbo**[17] antes de que me arruine el final de las vacaciones. A pesar de que adivino esta vez una secreta complicidad entre mamá y Esther para proteger la segunda muñeca, no me siento pesimista: ambas se duermen profundamente por las noches, la caja de herramientas de papá está en el mismo lugar y, después de todo, yo ya tengo experiencia en la solución del problema.

---

[15] **el despojo** - resto
[16] **el atisbo** - vislumbre, idea vaga
[17] **el estorbo** - obstáculo

1134

Ella no se fijaba

Juan José Millás

Juan José Millás nació en España en 1946. Además de colaborar en periódicos y revistas, es conocido por su narración intimista. Muchos de sus protagonistas, como los de este cuento, padecen <u>un malestar existencial.</u>

El se levantó **aturdido**[1] y llegó a la oficina tarde y sin afeitar. Supo en seguida que tenía frente a sí una jornada difícil, de la que podría salir dañado si no era capaz de articular algún sistema capaz de defenderle de sus propios pensamientos. Pero no tenía ganas de articular ningún sistema. La lectura del periódico, lejos de conectarle con la realidad inmediata, lo separó del mundo, de las leyes, de las ambiciones, del amor... Todo era ajeno, excepto la sensación de estar sumergido en un mar oscuro y frío en el que, con los ojos abiertos, buscaba un resto de su propia existencia, o de su propia historia, en el que reconocerse y **perecer**[2].

Por la tarde pensó en ella y decidió hacerle un regalo, pero no encontró en las tiendas nada que no le devolviera esa sensación de **decorado**[3] que tenía la vida. Finalmente entró en un establecimiento de disfraces y se compró un bigote **postizo**[4] y unas gafas. Luego, en los lavabos de un bar, se colocó el bigote —guardando las gafas para otra ocasión— y salió a la calle con la sensación de ser otro. Cuando llegó a casa tocó el timbre y escuchó el **taconeo**[5] de ella por el pasillo. Estaba excitado por la sorpresa que habría de producir su nuevo rostro. Ella le abrió la puerta e intercambió con él un beso rutinario, pero no pareció **reparar en**[6] el bigote. Hicieron la cena juntos, comentando sin pasión las incidencias de la jornada, y a eso de las diez y media de la noche se sentaron a

---

[1] **aturdido** - perturbado
[2] **perecer** - morir
[3] **el decorado** - escenario donde se presenta una obra de teatro
[4] **postizo (-a)** - artificial
[5] **el taconeo** - sonido producido por los tacones de los zapatos
[6] **reparar en** - notar

ver la televisión sin que ella hubiera hecho ningún comentario sobre el aspecto de su rostro. Finalmente, en el primer descanso del programa, él abordó la cuestión:

—No me notas nada? —dijo él.

—No sé, tienes cara de cansado —respondió ella.

—El bigote —insistió él—, ¿no te has dado cuenta de que llevo bigote?

Ella lo observó con una sonrisa artificial y dijo:

—Es verdad, ya decía yo que te notaba algo extraño.

Al día siguiente él se quitó el bigote, que se había desplazado de lugar durante la noche, y se puso las gafas. Mientras desayunaban, intentó inútilmente que ella reparara en este nuevo cambio, pero no sucedió nada. En la segunda tostada no pudo contenerse. Dijo:

—¿No me notas nada raro?

Ella lo observó con una expresión que **delataba**[7] algún grado de sufrimiento. Después, como liberada de un peso excesivo, dijo:

—Ya lo sé, el bigote. Te has afeitado el bigote.

El no dijo nada. **Apuró**[8] el café y miró a través de la ventana el día recién amanecido. El invierno **asomaba**[9] su rostro por encima de los árboles y la casa estaba fría, como su pensamiento. Le **acometió**[10] una sensación de inutilidad que habría de acompañarle toda la jornada. Ella encendió la radio que había sobre la nevera y se sentó a fumar el primer cigarrillo. Parecía encontrarse bien.

—¿No te has fijado en mis gafas? —dijo él.

—Perdona —respondió ella intentando ser amable—, no me había dado cuenta de que las has cambiado.

—Nunca he llevado gafas —murmuró él **sombríamente**[11]. Luego se levantó, acabó de arreglarse y se marchó.

Cuando llegó al portal advirtió que el día estaba nublado, de manera que regresó a por el paraguas. Ella estaba hablando por teléfono y no le prestó mucha atención. Se despidieron con un **leve**[12] gesto. Ya en el ascensor le asaltó la idea de que ella no hablaba con nadie, pero no encontró justificación a este pensamiento. Al llegar a la oficina telefoneó a casa, pero estaba comunicando. Esperó media hora y lo volvió a intentar.

—Diga —respondió ella con voz neutra.

—Hola, soy yo. ¿Con quién hablabas por teléfono?

—Te estaba llamando a ti —dijo, y él supo que mentía—, pero también comunicabas.

---

[7] **delatar** - revelar
[8] **apurar** - acabar
[9] **asomar** - empezar a mostrar
[10] **acometer** - atacar
[11] **sombríamente** - de manera melancólica
[12] **leve** - mínimo

—¿Querías algo?

—No sé, ahora no me acuerdo.

—Ya —dijo él.

El silencio fluyó de uno a otro lado produciendo un aliento frío que le **rozó**[13] el cuello. Había empezado a llover y el día iba a ser definitivamente oscuro. La oficina tenía todas las luces encendidas. El pensó en los días del sol, en el mar. Dijo:

—Ha empezado a llover.

—Creo que sí —respondió ella—, lo han dicho en la radio.

—No tenías más que mirar por la ventana.

—No me gustan las ventanas —concluyó ella con un tono de urgencia en la voz—. Y ahora, perdona, pero tengo cosas que hacer; no vengas muy tarde.

El colgó y se puso a revolver papeles mientras se reafirmaba en la idea de que la vida era inútil, pero rara, y **de súbito**[14] pensó que tal vez ella se hubiera quedado ciega y no le hubiera dicho nada a él para no hacerle sufrir. La idea era absurda, pero se entretuvo un buen rato con ella dándole varias vueltas y contemplándola desde diferentes lugares. Imaginó la vida de una pareja en la que los dos se quedan ciegos a la vez, ocultándoselo mutuamente para no hacer sufrir al otro. Durante el almuerzo le contó la historia a unos compañeros para ver si tenía gracia, pero no vio que nadie se riera. Decidió que no tenía gracia y eso le preocupó un poco, pues —desde su experiencia— las cosas sin gracia eran las más dadas a suceder. A las cinco, cuando salió de la oficina, aún no había parado de llover. Abrió el paraguas y se dirigió al autobús **cojeando**[15] del pie derecho. Le cedieron un asiento, pero ya no pudo dejar de cojear, porque ello, inexplicablemente, le proporcionaba un notable alivio tanto en el plano físico como en el intelectual. Sin embargo, su pensamiento seguía estando frío y duro como el mármol.

Ella le abrió la puerta y él entró cojeando a lo largo del pasillo.

—¿No me notas nada? —preguntó al cabo de un rato.

Ella lo observó detenidamente, como temerosa de no **acertar**[16], y al fin dijo:

—Te has quitado las gafas.

El cojeó ostensiblemente alrededor de la mesa, al tiempo que gritaba:

—*Estoy cojo, estoy cojo, estoy cojo...*

—Ya lo veo, ya lo veo, no te pongas así. Por favor.

—Es que no te fijas en nada —dijo él—. Mira, yo no soy cojo ni tengo bigote, ni uso gafas...

Ella lo observó con un gesto de miedo, como si tras esas confesiones menores se fuera a producir el reconocimiento de un suceso excesivo. Entonces él se sentó, tomó aliento y dijo:

---

[13] **rozar** - tocar ligeramente

[14] **de súbito** - de repente

[15] **cojear** - caminar poniendo más peso en una de las piernas

[16] **acertar** - dar con lo cierto

—Y además de todo eso, no soy tu marido y tú lo sabes.

Entonces ella sonrió con franqueza, encendió un cigarro y dijo con gesto de paciencia:

—Siempre estás con tus bromas.

Anochecía y la lluvia golpeaba sin ritmo los cristales. En la radio sonaba una canción antigua.

En fin.

(handwritten note in left margin: el pluscuamperfecto predomina esa cuento)

El encargo

Soledad Puértolas

La española Soledad Puértolas nació en 1947, y es reconocida como una figura importante dentro de la narrativa contemporánea. Este cuento ejemplifica su preocupación por el sentido de la existencia humana, una preocupación agudizada en España por los tremendos cambios habidos durante los últimos veinte años.

En una ocasión, a un contador de cuentos se le pidió que realizase el **pregón**[1] de las fiestas del lugar. Hasta el momento, el pregón había corrido a cargo de otra clase de artistas. Un actor muy afamado lo había declamado el año anterior. Una cantante folclórica bellísima había sido su autora hacía dos años. Un futbolista, un jugador de **ajedrez**[2] y un torero los habían precedido. Pero, aunque parezca mentira, nunca le había tocado el turno a un contador de cuentos, por lo que el **gremio**[3] de los contadores de cuentos se sentía, al fin, satisfecho. Al mismo tiempo, nadie podía disimular su preocupación, porque aquel año la responsabilidad del pregonero era mayor: tenía que dejar bien a todos los del oficio y demostrar que un contador de cuentos es capaz de hacer mejores pregones que los actores, cantantes y futbolistas. ¿Dónde quedaba, si no, el prestigio de la profesión, su supuesta superioridad sobre aquellas otras artes, si más espectaculares, menos sustanciosas? Y había quien pensaba, entre los del gremio, que Teodoro, que es así como se llamaba el nuevo pregonero, no hubiera debido aceptar, que aquello era **rebajarse**[4], que el pregón es un género que no figura en los manuales de literatura y que bien estaba donde había estado hasta la fecha: en boca de actores, futbolistas y toreros.

---

[1] **el pregón** - discurso en el que se invoca la protección del santo patrón
[2] **el ajedrez** - juego de tablero de origen árabe
[3] **el gremio** - asociación de profesionales
[4] **rebajarse** - humillarse

El caso fue que Teodoro recibió muchos consejos. Amigos y enemigos se vieron obligados a expresar su opinión, nunca coincidente, sobre el contenido y la forma de su intervención. Ya que, al fin, un hombre de letras iba a actuar, que se notara. Sus **ademanes**[5] debían ser más sobrios, más dignos. Tenía que estar un poco por encima, demostrar su cultura, su sabiduría. El pregón tenía que tener el aire de un cuento: ser **aleccionador**[6] sin que se notase, ser poético sin que el mensaje quedase demasiado oculto, ser **ameno**[7] sin ser superficial, ser breve sin parecer ligero.

Los pocos momentos en que Teodoro se quedaba a solas, se llevaba las manos a la cabeza. **Abrumado**[8] por tantos consejos, no podía concentrarse. La inspiración estaba lejos. Se preguntaba por qué le habían hecho el encargo precisamente a él y si no estaría a tiempo de rechazarlo. Cuando se lo habían propuesto, se había sentido **halagado**[9]: ser el primer literato a quien se le encargaba el pregón era una especie de honor. Ser el primero es algo que siempre causa placer, y Teodoro no estaba exento de vanidad. No obstante, cuando, **desvelado**[10], daba cientos de vueltas a los posibles comienzos de su discurso sin conseguir una sola frase brillante y razonable, llegaba a la conclusión de que aquel pregón era una trampa. Su carrera de contador de cuentos iba a acabarse allí, tanto si finalmente le salía, como si, lo que parecía más probable, no le salía. Porque si le acababa saliendo tenía que ser a fuerza de grandes esfuerzos, lo que sin duda **repercutiría**[11] desfavorablemente en su producción, porque Teodoro era de esos artistas que dan una gran importancia a la naturalidad, la inspiración y la frescura. Pero si el pregón no le salía, el fracaso le dolería tanto que no tendría ánimos para seguir inventando historias.

Mientras Teodoro se debatía en estos dilemas, el tiempo transcurría, tan indiferente e implacable como de costumbre. El aroma de la primavera se empezó a sentir en el aire: los árboles renacían y los ojos de las mujeres adquirían una expresión soñadora. Las fiestas estaban allí, a la vuelta de la esquina.

La víspera del pregón llegó y Teodoro cerró la puerta a las visitas. Sea como fuere, tenía que escribir algo. Se instaló en su cuarto, ordenó su mesa, tomó la pluma, numeró la hoja. El papel en blanco nunca le había preocupado. Sus ojos se fijaron en él. No se trataba sino de rellenarlo, atrapar una idea y desarrollarla. Pero cerró la pluma y apoyó la barbilla sobre sus manos. Miró al frente: la pared desnuda y la ventana. Separados por aquel muro, estaban todos los demás hombres, con sus problemas y obligaciones. Siempre había intentado aislarse de

---

[5] **el ademán** - gesto
[6] **aleccionador** (-a) - instructivo
[7] **ameno** (-a) - agradable
[8] **abrumado** (-a) - agobiado
[9] **halagado** (-a) - adulado
[10] **desvelado** (-a) - sin poder dormirse
[11] **repercutir** - traer consecuencias

ellos, pero ahora los sentía muy próximos: le estaban pidiendo algo. Casi podía decirse que se lo estaban exigiendo. Tenía que contentarles. **Inusitadamente**[12], su persona había pasado a un primer plano. Le habían hecho un encargo y lo tenía que cumplir. ¿Qué demonios esperaban de él?

Durante días y días, durante años, Teodoro se había sentado a esa mesa para que las historias fluyeran de su cabeza al papel, sin pensar en los hombres. Tal vez sí pensaba en ellos, pero de una manera general, como si tuviera la clave del comportamiento humano. Sabía lo que tenía que decirles, lo que les conmovía, en qué lugares deseaban moverse y qué **parajes**[13] les inspiraban horror, por qué admiraban a un personaje y despreciaban a otro, qué ambiciones y sueños podían compartir. Repentinamente, todo ese conocimiento se le había borrado. Estaba demasiado impresionado por las caras con las que tendría que enfrentarse a la mañana siguiente. Hombres y mujeres de verdad.

Bien mirado, no era miedo lo que sentía. Podía escribir ese pregón en cualquier momento. Había escrito cosas mucho más difíciles. Estaba seguro de que el pregón le acabaría saliendo, porque en todos los años que llevaba inventando historias nunca había dejado una sin terminar. Tarde o temprano, la inspiración viene. El problema era más profundo: **escudriñando**[14] en su interior, Teodoro había descubierto que no tenía nada que decirles a los hombres. No sentía ninguna necesidad de decirles nada. A lo más, que estaba cansado. Se había pasado toda la vida haciendo como si los hombres le importaran, exponiendo sus problemas, jugando con ellos. Si de algo tenía ganas era de decirles: "¡Basta ya!, abandonemos este engaño. La vida no vale para nada, todos nosotros no valemos para nada. Quejémonos de nuestra miserable condición todos a la vez a ver si se **rasgan**[15] los cielos y cae sobre nosotros una tormenta **aniquiladora**."[16]

Teodoro sonrió a la ventana cerrada. ¿Qué cara pondrían los asistentes si escucharan semejante discurso? Había perdido toda inocencia, no esperaba nada, no tenía fe.

Ese era el horrible descubrimiento. El fracaso del pregón no le importaba nada. Pero se preguntaba cómo podría seguir viviendo después de haber intuido esa espantosa verdad.

¿Qué sentido tenía haberse quedado solo y en silencio para escribir ese mensaje de fiesta y alegría que tenía que ofrecer al día siguiente? Desde que le habían comunicado la noticia de que él iba a ser el autor del pregón de aquel año, había estado rodeado de amigos. Pero aquel día todos se habían puesto de acuerdo. Nadie venía a visitarle. Tenía la impresión de que si salía de su casa para

[12] **inusitadamente** - a diferencia de lo normal
[13] **el paraje** - sitio, lugar
[14] **escudriñar** - examinar detalladamente
[15] **rasgar** - romper
[16] **aniquilador (-a)** - destructivo

dar un paseo, le espiarían. Notaba a su alrededor el peso de una conspiración. Tenía que permanecer allí, encerrado, haciendo como que cumplía el encargo, dejando transcurrir las horas hasta que, a la mañana siguiente, le vinieran a recoger.

Se levantó de la silla y recorrió el cuarto. Desde la puerta, se volvió y contempló la mesa. Por un momento, la vio como algo ajeno, preparado para otro. Sobre ella, el papel, la tinta, la pluma: todo en orden, todo dispuesto. Era un rincón que irradiaba trabajo, severidad, pero también placer: quien se sentaba allí era un amante de su oficio. Sin duda, le dedicaba muchas horas, pero no se aburría. Cada centímetro de la mesa había sido tocado muchas veces. En todos aquellos objetos estaba la huella del hombre: de un hombre que había convertido las horas que pasaba allí en otra cosa.

Teodoro dio la espalda a aquel rincón porque le causaba dolor: había demasiado amor, demasiada dedicación, demasiada fe. Salió al pasillo en **penumbra**[17] en dirección a la cocina. No tenía hambre, pero se preparó algo de beber. Esta vez no bebía para poder escribir, simplemente para vencer aquella sensación de encierro, de **ahogo**[18]. Con el vaso en la mano, volvió al pasillo. Al fondo, el cuarto con la mesa y la silla era como un cuadro luminoso. No tenía valor para **irrumpir**[19] en aquel cuarto. Su presencia **desvanecería**[20] el carácter inmóvil, sagrado, de la escena. En mitad del pasillo, se detuvo. Se apoyó contra la pared, bebió un largo trago. Permaneció así un tiempo, hasta que decidió sentarse en el suelo. La penumbra se fue convirtiendo en oscuridad y el cuarto al final del pasillo fue perdiendo su luz.

Más de una vez se levantó y volvió a la cocina para rellenar su vaso. Finalmente, se trajo la botella. Aquel lugar era tan bueno como cualquier otro para pasar el rato. En algún momento cerró los ojos, su cuello se inclinó y su barbilla quedó clavada sobre su pecho.

Cuando abrió los ojos, percibió claridad: el cuarto al final del pasillo estaba bañado en una luz limpia, transparente. Había amanecido, y la penumbra del pasillo no era tan densa. Algo ligero flotaba en el aire. En él se presentía la mejor mañana de mayo. Con un enorme esfuerzo y dolor en todo su cuerpo, Teodoro se levantó. La botella, vacía, cayó al suelo. Recordó de pronto que era el día del pregón y fue como si nunca hubiera pensado en él, porque experimentó una gran sorpresa. Pero sabía lo que debía hacerse en un caso así. Preparó abundante café, se dio una ducha fría y se sentó a la mesa. Todos los recursos del escritor de oficio permanecían en el fondo de su alma y fueron saliendo a la superficie, convertidos en palabras, en versos, en rimas. Estaba escribiendo la última línea cuando

---

[17] **la penumbra** - sombra
[18] **el ahogo** - aprieto angustioso
[19] **irrumpir** - entrar violentamente
[20] **desvanecer** - hacer que desaparezca

llamaron a la puerta. El mensajero venía con el tiempo justo. Respiraba con dificultad porque había venido corriendo.

—No conocía este barrio y me he perdido —dijo.

Así que salieron inmediatamente, sin que Teodoro tuviera tiempo de releer el pregón. En la **tribuna**[21] las autoridades le estaban esperando, impacientes. Se apartaron para cederle un puesto de honor. El alcalde o el presidente o puede que el gobernador se dirigió al público, que llenaba la plaza, y se produjo un gran silencio. Anunció lo que iba a suceder: que Teodoro iba a hablar, y pidió atención y respeto para sus palabras. El sol caía, sin molestar a nadie, sobre las cabezas de los congregados. Todo brillaba: los cristales de las ventanas, los colores de los vestidos, las hojas de los árboles.

Teodoro respiró profundamente, levantó el papel hasta la altura de sus ojos y empezó a leer. Lenta, pausadamente, pero con vigor, como deben recitarse los pregones. No se enteraba de lo que estaba diciendo, pero sabía que tenía que leer así. De vez en cuando, una palabra, una frase, llamaba su atención y su voz temblaba ligeramente. No era momento para rectificaciones ni dudas. Mejor era no fijarse mucho: seguir.

Cuando finalizó, en un tono vibrante, emocionado, una salva de aplausos acogió su discurso. La muchedumbre se agitaba, complacida. Y de nuevo, por segunda vez en aquella mañana, sintió un profundo sentimiento de sorpresa. No había contado con aquellos aplausos. Sobre todo, los que le dedicaban sonoros y firmes, sus compañeros de tribuna: las autoridades. Se sintió envuelto en un ruido potente, ensordecedor. Todos le miraron, satisfechos, asintiendo con la cabeza, sonriendo con los ojos o sonriendo abiertamente. Escuchó algún que otro comentario:

—Muy bien.

—Fabuloso.

—Espléndido.

Las fiestas habían comenzado. La multitud comenzó a dispersarse por las calles, gritando, cantando, bailando. Las autoridades abandonaron la tribuna y entraron en el Ayuntamiento o Casa del Presidente, donde, en una espaciosa sala, se había preparado un almuerzo frío. Se descorcharon botellas de excelentes vinos y aquí y allá se formaron grupos en los que se desarrollaban animadas conversaciones. El salón estaba lleno de gente, de ruido. El polvo fino que flotaba en el aire quedaba iluminado por los rayos del sol que penetraban por los balcones abiertos.

Teodoro **deambulaba**[22] por el salón, iba de un grupo a otro, sin detenerse mucho, porque apenas conocía a aquellas personas. Algunas, le sonreían, le hacían un gesto con la cabeza, como saludándole, otras, apenas le miraban. Pero nadie le habló del pregón. Nunca se volvió a hablar del pregón.

---

[21] **la tribuna** - mesa donde se encuentran las autoridades
[22] **deambular** - caminar sin rumbo

Aquella noche Teodoro no pudo dormir pensando en el pregón. Los papeles descansaban sobre su mesilla, pero no se atrevía a leerlos. A la mañana siguiente, los rompió. Pasó algún tiempo antes de que pudiera volver a escribir un cuento, pero, al fin, lo hizo.

Nos han dado la tierra

Juan Rulfo

Juan Rulfo (1918-1986) consiguió plasmar en su obra el mundo del campesino mexicano. No es que Rulfo nos explique cuál ha sido el costo humano de las convulsiones políticas, sino que sirve de conducto para que los personajes nos hablen a su manera de sus propias experiencias.

Después de tantas horas de caminar sin encontrar ni una sombra de árbol, ni una semilla de árbol, ni una raíz de nada, se oye el ladrar de los perros.

Uno ha creído a veces, en medio de este camino sin orillas, que nada habría después; que no se podría encontrar nada al otro lado, al final de esta llanura rajada[1] de grietas[2] y de arroyos secos. Pero sí, hay algo. Hay un pueblo. Se oye que ladran los perros y se siente en el aire el olor del humo, y se saborea ese olor de la gente como si fuera una esperanza.

Pero el pueblo está todavía muy allá. Es el viento el que lo acerca.

Hemos venido caminando desde el amanecer. Ahorita son algo así como las cuatro de la tarde. Alguien se asoma al cielo, estira los ojos hacia donde está colgado el sol y dice:

—Son como las cuatro de la tarde.

Ese alguien es Melitón. Junto con él, vamos Faustino, Esteban y yo. Somos cuatro. Yo los cuento: dos adelante, otros dos atrás. Miro más atrás y no veo a nadie. Entonces me digo: "Somos cuatro." Hace rato, como a eso de las once, éramos veintitantos; pero puñito a puñito se han ido desperdigando hasta quedar nada más este nudo que somos nosotros.

Faustino dice:

—Puede que llueva.

Todos levantamos la cara y miramos una nube negra y pesada que pasa por encima de nuestras cabezas. Y pensamos: "Puede que sí."

---

[1] **rajado (-a)** - dividido en trozos alargados
[2] **la grieta** - abertura

No decimos lo que pensamos. Hace ya tiempo que se nos acabaron las ganas de hablar. Se nos acabaron con el calor. Uno **platicaría**[3] muy a gusto en otra parte, pero aquí cuesta trabajo. Uno platica aquí y las palabras se calientan en la boca con el calor de afuera, y se le resecan a uno en la lengua hasta que acaban con el **resuello**[4].

Aquí así son las cosas. Por eso a nadie le da por platicar.

Cae una gota de agua, grande, gorda, haciendo un agujero en la tierra y dejando una plasta como la de un salivazo. Cae sola. Nosotros esperamos a que sigan cayendo más. No llueve. Ahora, si se mira el cielo se ve a la nube aguacera corriéndose muy lejos, a toda prisa. El viento que viene del pueblo se le **arrima**[5] empujándola contra las sombras azules de los cerros. Y a la gota caída por equivocación se la come la tierra y la desaparece en su sed.

¿Quién diablos haría este llano tan grande? ¿Para qué sirve, eh?

Hemos vuelto a caminar. Nos habíamos detenido para ver llover. No llovió. Ahora volvemos a caminar. Y a mí se me ocurre que hemos caminado más de lo que llevamos andado. Se me ocurre eso. De haber llovido quizá se me ocurrieran otras cosas. Con todo, yo sé que desde que yo era muchacho, no vi llover nunca sobre el Llano, lo que se llama llover.

No, el Llano no es cosa que sirva. No hay ni conejos ni pájaros. No hay nada. A no ser unos cuantos **huizaches**[6] **trespeleques**[7] y una que otra manchita de **zacate**[8] con las hojas enroscadas; a no ser eso, no hay nada.

Y por aquí vamos nosotros. Los cuatro a pie. Antes andábamos a caballo y traíamos **terciada**[9] una carabina. Ahora no traemos ni siquiera la carabina.

Yo siempre he pensado que en eso de quitarnos la carabina hicieron bien. Por acá resulta peligroso andar armado. Lo matan a uno sin avisarle, viéndolo a toda hora con "la 30" amarrada a las correas. Pero los caballos son otro asunto. De venir a caballo ya hubiéramos probado el agua verde del río, y paseado nuestros estómagos por las calles del pueblo para que se les bajara la comida. Ya lo hubiéramos hecho de tener todos aquellos caballos que teníamos. Pero también nos quitaron los caballos junto con la carabina.

Vuelvo hacia todos lados y miro el Llano. Tanta y tamaña tierra para nada. Se le resbalan a uno los ojos al no encontrar cosa que los detenga. Sólo unas cuantas lagartijas salen a asomar la cabeza por encima de sus agujeros, y luego que sienten la **tatema**[10] del sol corren a esconderse en la sombrita de una piedra.

---

[3] **platicar** - hablar
[4] **el resuello** - respiración
[5] **arrimar** - acercar
[6] **el huizache** - árbol muy espinoso
[7] **trespeleque** - designación genérica peyorativa
[8] **el zacate** - planta que sirve de pasto para el ganado
[9] **terciar** - colgar oblicuamente
[10] **la tatema** - carne asada a la brasa

Pero nosotros, cuando tengamos que trabajar aquí, ¿qué haremos para enfriarnos del sol, eh? Porque a nosotros nos dieron esta costra de **tepetate**[11] para que la sembráramos.

Nos dijeron:

—Del pueblo para acá es de ustedes.

Nosotros preguntamos:

—¿El Llano?

—Sí, el Llano. Todo el Llano Grande.

Nosotros paramos la **jeta**[12] para decir que el Llano no lo queríamos. Que queríamos lo que estaba junto al río. Del río para allá, por las vegas, donde están esos árboles llamados **casuarinas**[13] y las **paraneras**[14] y la tierra buena. No este duro pellejo de vaca que se llama el Llano.

Pero no nos dejaron decir nuestras cosas. El delegado no venía a conversar con nosotros. Nos puso los papeles en la mano y nos dijo:

—No se vayan a asustar por tener tanto terreno para ustedes solos.

—Es que el Llano, señor delegado...

—Son miles y miles de yuntas.

—Pero no hay agua. Ni siquiera para hacer un buche hay agua.

—¿Y el temporal? Nadie les dijo que se les iba a dotar con tierras de riego. En cuanto allí llueva, se levantará el maíz como si lo estiraran.

-Pero, señor delegado, la tierra está deslavada, dura. No creemos que el **arado**[15] se entierre en esa como cantera que es la tierra del Llano. Habría que hacer agujeros con el **azadón**[16] para sembrar la semilla y ni aun así es positivo que nazca nada; ni maíz ni nada nacerá.

—Eso manifiéstenlo por escrito. Y ahora váyanse. Es al **latifundio**[17] al que tienen que atacar, no al Gobierno que les da la tierra.

—Espérenos usted, señor delegado. Nosotros no hemos dicho nada en contra el Centro. Todo es contra el Llano... No se puede contra lo que no se puede. Eso es lo que hemos dicho... Espérenos usted para explicarle. Mire, vamos a comenzar por donde íbamos...

Pero él no nos quiso oír.

Así nos han dado esta tierra. Y en este comal acalorado quieren que sembremos semillas de algo, para ver si algo **retoña**[18] y se levanta. Pero nada se

---

[11] **el tepetate** - tierra endurecida que sirve de material de construcción

[12] **la jeta** - boca saliente

[13] **la casuarina** - árbol (las hojas se parecen al plumaje del pájaro del mismo nombre)

[14] **la paranera** - pradera, campo donde pastan los animales

[15] **el arado** - instrumento para abrir la tierra

[16] **el azadón** - pala que sirve para remover la tierra

[17] **el latifundio** - sistema de propiedades rurales muy extensas

[18] **retoñar** - reproducirse

tristeza

levantará de aquí. Ni **zopilotes**[19]. Uno los ve allá cada y cuando, muy arriba, volando a la carrera; tratando de salir lo más pronto posible de este blanco terregal endurecido, donde nada se mueve y por donde uno camina como **reculando**[20].

Melitón dice:

—Esta es la tierra que nos han dado.

Faustino dice:

—¿Qué?

Yo no digo nada. Yo pienso: "Melitón no tiene la cabeza en su lugar. Ha de ser el calor que le ha traspasado el sombrero y le ha calentado la cabeza. Y si no, ¿por qué dice lo que dice? ¿Cuál tierra nos han dado, Melitón? Aquí no hay ni tantita que necesitaría el viento para jugar a los remolinos."

Melitón vuelve a decir:

—Servirá de algo. Servirá aunque sea para correr **yeguas**[21].

—¿Cuáles yeguas? —le pregunta Esteban.

Yo no me había fijado bien a bien en Esteban. Ahora que habla, me fijo en él. Lleva puesto un gabán que le llega al ombligo, y debajo del gabán saca la cabeza algo así como una gallina.

Sí, es una gallina colorada la que lleva Esteban debajo del gabán. Se le ven los ojos dormidos y el pico abierto como si bostezara. Yo le pregunto:

—Oye, Teban, ¿dónde **pepenaste**[22] esa gallina?

—Es la mía —dice él.

—No la traías antes. ¿Dónde la **mercaste**[23], eh?

—No la merqué, es la gallina de mi corral.

—Entonces te la trajiste de bastimento, ¿no?

No, la traigo para cuidarla. Mi casa se quedó sola y sin nadie para que le diera de comer; por eso me la traje. Siempre que salgo lejos cargo con ella.

—Allí escondida se te va a ahogar. Mejor sácala al aire.

El se la acomoda debajo del brazo y le sopla el aire caliente de su boca. Luego dice:

—Estamos llegando al **derrumbadero**[24].

Yo ya no oigo lo que sigue diciendo Esteban. Nos hemos puesto en fila para bajar la barranca y él va mero adelante. Se ve que ha agarrado a la gallina por las patas y la **zangolotea**[25] a cada rato, para no golpearle la cabeza contra las piedras.

---

[19] **el zopilote** - ave de rapiña de cabeza pelada
[20] **recular** - ir para atrás
[21] **la yegua** - hembra del caballo
[22] **pepenar** - recoger
[23] **mercar** - comprar (cf. mercado)
[24] **el derrumbadero** - precipicio, barranco
[25] **zangolotear** - mover continuamente

Conforme bajamos, la tierra se hace buena. Sube polvo desde nosotros como si fuera un atajo de mulas lo que bajara por allí; pero nos gusta llenarnos de polvo. Nos gusta. Después de venir durante once horas pisando la dureza del Llano, nos sentimos muy a gusto envueltos en aquella cosa que brinca sobre nosotros y sabe a tierra.

Por encima del río, sobre las copas verdes de las casuarinas, vuelan parvadas de **chachalacas**[26] verdes. Eso también es lo que nos gusta.

Ahora los ladridos de los perros se oyen aquí, junto a nosotros, y es que el viento que viene del pueblo **retacha**[27] en la barranca y la llena de todos sus ruidos.

Esteban ha vuelto a abrazar a su gallina cuando nos acercamos a las primeras casas. Le desata las patas para **desentumecerla**[28], y luego él y su gallina desaparecen detrás de unos **tepemezquites**[29].

—¡Por aquí **arriendo**[30] yo! —nos dice Esteban.

Nosotros seguimos adelante, más adentro del pueblo.

La tierra que nos han dado está allá arriba.

---

[26] **la chachalaca** - ave gallinácea
[27] **retachar** - rebotar
[28] **desentumecer** - sacudir la torpeza de algo
[29] **el tepemezquite** - árbol parecido a la acacia
[30] **arrendar** - usar de la tierra durante un tiempo convenido

La Kasa K K

Sabine R. Ulibarrí

Sabine R. Ulibarrí nació en 1919 en el norte de Nuevo México, y fue durante muchos años profesor de español en la Universidad de Nuevo México. Además de su labor docente, se ha dedicado a dar expresión literaria a la cultura de su tierra natal. La gracia verbal y la astucia humana que caracterizan este cuento son patentes en toda su obra.

Se llamaba Feliberto Casías. Era pelirrojo, alto, blanco, y bien **pecoso**[1]. Le decían "el Colorado." Se casó con una india Apache de El Dulce, linda como ella sola. Si fueron o no fueron felices, no sé, además no importa saberlo para nuestro cuento. Tuvieron sólo un hijo, que también se llamaba Feliberto. El hijo les salió indio **cabal**[2], con mucho de su mamá, y nada, al parecer, de su papá. Desde niño la gente empezó a llamarle "el Apache."

Leonila Sánchez era una de las muchachas más bonitas de Los Ojos, y también era pelirroja. Por esas **peripecias**[3] de la vida se casó con un indio de Chamita. Tuvieron sólo una hija, a quien le dieron el nombre de Teófila. La hija les salió toda india. Desde niña la gente empezó a llamarle "la India."

Feliberto y Leonila habían sido los solteros más procurados por los padres de hijos **casaderos**[4], y desde luego, los más populares entre los jóvenes. Sin embargo, los dos eligieron pasarse al otro bando. Aquello de que los contrarios se atraen parece tener algún mérito.

Al pasar el tiempo, acaso por las circunstancias que les unían ¿quién sabe por qué? Feliberto, el Apache, y Teófila, la india, llegaron a quererse. Se casaron. ¡Qué boda! Fue una congregación de **greñas**[5] y pieles rojas.

---

[1] **pecoso (-a)** - que tiene pecas (manchitas en el cutis)
[2] **cabal** - ejemplar
[3] **la peripecia** - cambio de fortuna
[4] **casadero (-a)** - en edad de casarse
[5] **la greña** - cabellera descuidada

Este matrimonio iba a darle que hablar a todo el condado de Río Arriba y a volver loco a cualquier científico de cosas hereditarias. Esta pareja de indios tuvo tres hijos. Todos pelirrojos, altos y blancos, y bien pecosos.

¿Qué pasó? ¿Por qué en una generación toda la **prole**[6] sale india, y en la siguiente toda sale española? Los expertos dirán que esto no es posible. Yo no me meto en esas cosas. Yo sólo cuento lo que pasó.

El mayor de los hijos se llamaba Félix. Era además el más listo y **atrevido**[7] de los tres. Cuando creció abandonó el pueblo y se fue de aventuras. Nadie supo nada cierto de él por muchos años. Decían que había hecho fortuna por esos mundos.

Un día Félix Casías volvió a Tierra Amarilla. Recién casado. Su esposa se llamaba Sally. Todo el pueblo los recibió con los brazos abiertos. Félix se merecía el cariño y el respeto de todos. Todos los hombres se enamoraron de Sally de inmediato. Y con razón. Alta, **altiva**[8] y alegre, se ganó las simpatías de todos.

Abrieron un restaurante. Le pusieron el nombre de Casa Casías. Félix cocinaba y Sally atendía al público. Como la comida, el servicio y la compañía eran lo mejor que se había visto por allí pronto hicieron fortuna. La Casa Casías se convirtió en el centro social de toda la comarca. Allí venían todos los oficinistas de la Casa de Cortes, los oficiales de estado, los extranjeros, cazadores y pescadores que pasaban por el pueblo, las familias de pro que antes no habían tenido a donde ir. Y una cosa nueva. Por primera vez los indios de la Reserva de los Apaches y de los Pueblos empezaron a frecuentar un restaurante nuestro. Todos eran recibidos con alegría y cortesía y servidos con todas las atenciones.

Sally hablaba un inglés muy raro, con un acento español que se podía doblar. Se oían cosas como esta:

—¿Qué quisiera comer?

—¿Qué hay?

—Lambes tú (lamb stew).

—Vale más que lambas tú.—(Allá arriba dicen "lamber" en vez de "**lamer**[9].") La risa era general. Sally se reía más que nadie. Alguien intervenía a dar lecciones de pronunciación. Los esfuerzos, **fruncidos**[10] y **pucheros**[11] de Sally para producir un "lamb stew" auténtico resultaban aun más divertidos.

Una vez llegó una caravana de coches oficiales al restaurante. Era una comisión investigadora de algo. Sally les atendió con el **donaire**[12] de siempre.

---

[6] **la prole** - hijos
[7] **atrevido** (**-a**) - audaz
[8] **altivo** (**-a**) - orgulloso
[9] **lamer** - pasar la lengua sobre
[10] **el fruncido** - expresión del rostro con la frente arrugada
[11] **el puchero** - mueca, expresión torcida
[12] **el donaire** - gracia

Comieron a su gusto, admirados, todos, con la belleza y personalidad de esta mujer de campo. Cuando llegó el momento de partir, Sally les anunció la partida con un gesto de bailarina de ballet: "All abroad!" Los señores se fueron con una sonrisa en la boca, un contento total por dentro y una firme decisión de volver. Era tan guapa, tan mona y tan vivaracha que esos disparates tenían un encanto muy especial. Debo decir que Sally era mucho menor que Félix.

Félix, consciente del nuevo concepto de publicidad que llegaba a Tierra Amarilla, le cambió el nombre al local de Casa Casías a Kasa Kasías, lo afirmó con un gran letrero. Yo no sé por qué lo hizo. El sabía cómo somos nosotros. Para poner **motes**[13] no nos gana nadie. Ya lo he indicado. A Feliberto le llamaban el Apache. A Teófila, la India. Así no se pasaba nadie. Cada quien tenía su apodo. Algunos que recuerdo: Paleta, Mojado, Cuinche, Chapulín, Juan P., Mickey Mouse, Hígado, Bestia, Rústico, Chile Lini. Félix debió haberlo anticipado. Primero unos pocos, después, casi todos empezaron a llamarle a su establecimiento, La Casa K K, con dos pronunciaciones. En inglés sale "queque;" en español sale "caca."

El negocio seguía creciendo. Félix añadió una cantina y un salón de baile. Más tarde, un motel. Otra vez, nuevos nombres. Al restaurante le dio el nombre de K-Sol. El rótulo era un radiante sol con una tremenda K dentro. A la cantina, con su salón de baile, la llamó K-Luna. Su rótulo era una media luna boca arriba con una K encajada encima; parecía una **mecedora**[14]. Al motel le dio el nombre de Kasías Kotel. Hubo quien le cambiara la "l" a "x." Todo esto fue por demás. Todos siguieron llamando al lugar la Casa K K.

Las cosas no podían ir mejor. Donde Félix y Sally ponían la mano **brotaba**[15] el oro. Manos limpias porque ya ni el uno ni el otro se ensuciaba las manos. Los dos se dedicaban a la administración del negocio, a la política local y estatal, y a hacer el papel de gente importante.

Pero cuanto más lucían las cosas por fuera más se apagaban por dentro. El matrimonio iba de mal en peor. No se supo nunca por qué.

Tal vez la prosperidad es enemiga del amor. Acaso la divergencia de edad. Es posible que Sally quisiera hijos pelirrojos, altos, blancos y bien pecosos, y Félix sólo le daba hijos indios. ¿Quién sabe? Lo cierto es que un día Sally desapareció con sus hijos y nunca volvió.

Félix siguió solo. Pero ya nada era igual. El alma del lugar se había escapado. El K-Sol, La K-Luna y el Kotel empezaron a morirse poco a poco ante nuestros ojos.

Más adelante Félix se casó con Matilde Córdova, hija de una de las familias más importantes del valle. Matilde era joven, elegante y **presumida**[16]. Este enlace

---

[13] **el mote** - apodo, nombre inspirado en alguna característica de una persona
[14] **la mecedora** - silla que descansa en dos arcos
[15] **brotar** - empezar a crecer
[16] **presumido (-a)** - vanidoso

fue un desastre. Creo que ella esperaba ser otra Sally, y eso no era posible. Creo que él andaba buscando otra Sally, y no había otra Sally en el mundo entero.

Resultó que Félix desapareció un día y nunca volvió. Me figuro que se fue a buscar a su Sally y su Kasa K K del recuerdo y de la ilusión.

Si hoy van ustedes a Tierra Amarilla verán los huesos blanquizcos de la Kasa K K, **asolados**[17] y **asoleados**[18] por el tiempo, el sol y el descuido. Tierra Amarilla está llena de cenizas, secretos y esqueletos de algo luminoso y vivo que fue y ya no es.

---

[17] **asolado** (**-a**) - destruido
[18] **asoleado** (**-a**) - expuesto al sol

(Está indicado entre paréntesis el capítulo en que se define el término.)

A acusativa (5) Estructura que marca con la preposición *a* los complementos directos que no son pacientes prototípicos.

Adjetivo (7) Expresión que modifica directamente los sustantivos.

Adverbio (9) Expresión que modifica un verbo, un adjetivo, otro adverbio o una frase entera.

Agente (5) Entidad típicamente animada que inicia una acción.

Antecedente (5) Sustantivo a que se refiere un pronombre.

Artículo (7) Sub-clase de adjetivos con dos miembros, el definido y el indefinido, que se utiliza para identificar la entidad en el discurso.

Aspecto (1) Categoría gramatical que clasifica las situaciones según su desarrollo interno y no con respecto al tiempo.

Cláusula dependiente o subordinada (4) Frase, presentada por una conjunción subordinante, que contiene un verbo conjugado y que depende sintácticamente de otra frase.

Cláusula independiente o principal (4) Frase que contiene un verbo conjugado y que no depende sintácticamente de otra frase.

Cláusula relativa (8) Cláusula dependiente que modifica un sustantivo, de la que se ha sacado el sustantivo modificado, reemplazándolo por un pronombre relativo.

Clítico (5) Palabra que no puede acentuarse y por lo tanto siempre se apoya prosódicamente en otra.

Complemento directo (5) Papel sintáctico desempeñado por la entidad-paciente cuando la entidad-agente de la acción desempeña el papel de sujeto.

Complemento indirecto (5) Participante prototípicamente animado en la situación verbal que no dirige ni recibe la acción directamente, sino que de algún modo queda afavorecido o perjudicado por ella.

Concordancia (7) Realización en la desinencia de una dependencia gramatical.

Conjunción coordinante (4) Palabra que enlaza dos cláusulas sintácticamente independientes.

Conjunción subordinante (4) Palabra que introduce una cláusula subordinada y la une a la cláusula independiente.

Dativo de interés (5) Complemento indirecto cuya participación en la situación verbal consiste sólo en su interés en la situación.

Demostrativo (7) Sub-clase de adjetivos que forman un sistema deíctico basado en la distancia entre el hablante y la entidad modificada.

Descripción contrastiva (7) Descripción de una entidad basada en la diferencia entre ésta y otras entidades o bien otro estado de la misma entidad.

Descripción no-contrastiva (7) Descripción que proporciona información sobre una entidad sin implicar ninguna comparación.

Desinencia (1) La terminación de una palabra que lleva información gramatical; por ejemplo, las categorías de persona, número, tiempo y aspecto en los verbos y las de número y género en los sustantivos.

Determinante (7) Sub-clase de adjetivos que incluye los artículos y los demostrativos.

Discurso (preliminar) El contexto en que tiene lugar toda manifestación lingüística.

Especificativa, cláusula relativa (8) Una cláusula relativa que es contrastiva (véase *descripción contrastiva*).

Explicativa, cláusula relativa (8) Una cláusula relativa que no es contrastiva (véase *descripción no-contrastiva*); suele aparecer entre pausas y comas.

Frase nominal (7) Grupo de palabras que contiene un sustantivo y las expresiones modificadoras que se agrupan alrededor del núcleo nominal.

Frase verbal (9) Grupo de palabras que contiene un verbo conjugado y los auxiliares y modificadores que se agrupan alrededor del núcleo verbal.

Futuro compuesto o analítico (1) Estructura verbal que consiste en una forma del verbo *ir* más la preposición *a* más el infinitivo.

Futuro simple o sintético (1) Forma verbal de una sola palabra que, aparte de usarse para hablar del futuro, ha adquirido funciones modales.

Género (7) Categoría morfológica que clasifica los sustantivos en masculino o femenino y que forma parte de su definición léxica.

Información nueva (preliminar) Información introducida por primera vez en el discurso.

Información conocida (preliminar) Información que ya está presente en el discurso.

Léxico (preliminar) Componente de la gramática de una lengua que da cuenta del vocabulario.

Locativo (3) Expresión que indica lugar.

Medio-pasiva, frase (6) Frase en que el sujeto tiene características de agente y paciente a la vez.

Metáfora (10) La extrapolación de un significado concreto a otras situaciones.

Modificación (preliminar) Estrategia gramatical para alterar o ampliar el significado de una expresión.

Modo (4) Categoría gramatical que indica el propósito comunicativo del hablante.

Morfología (preliminar) Componente de la gramática de una lengua que da cuenta de la formación de las palabras.

Número (7) Categoría gramatical que clasifica una expresión en singular o plural; el número de un verbo depende del número del sustantivo-sujeto que lo rige.

Objeto (véase *complemento*)

Paciente (5) Entidad que recibe la acción en una situación transitiva.

Perfectividad (1) Cualidad aspectual de las situaciones verbales que han llegado a su punto final.

Persona (1) Sistema deíctico de clasificar a los participantes en el discurso; el hablante es siempre primera persona y el oyente segunda persona.

Pluscuamperfecto (1) Estructura verbal que comprende una forma del imperfecto de *haber* más el participio, utilizado para hacer referencia a una situación pasada ocurrida antes de otra.

Preposición (10) Palabra que da nombre a la relación entre dos elementos gramaticales.

Preposición partitiva (10) Preposición cuyo significado principal relaciona una entidad X con otra entidad Y, de la que proviene; así, X forma parte de Y.

Progresividad (1) Cualidad aspectual de las situaciones verbales que se encuentran en su transcurso.

Pronombre (5) Palabra que sustituye un sustantivo ya presente en el discurso. Sólo puede haber pronombres propiamente dichos en tercera persona, ya que no hay sustitución alguna en la primera o la segunda persona.

Pronombre relativo (8) Pronombre en una cláusula relativa que reemplaza el sustantivo repetido.

Prototipo (preliminar) Miembro básico y central de cualquier categoría.

Redundancia (8) La repetición de un elemento dentro de una estructura.

Reflexiva, frase (6) Frase en que el sujeto y el complemento (directo o indirecto) se refieren a la misma entidad.

Reflexiva recíproca, frase (6) Frase con por lo menos dos participantes en la que la acción iniciada por un participante recae sobre el otro y vice-versa.

Se **impersonal** (6) Uso de *se* en frases no-reflexivas donde el pronombre no tiene ningún referente y por lo tanto implica la participación de una entidad impersonal.

Semántica (preliminar) Componente de la gramática de una lengua que da cuenta del signficado de las expresiones.

Significado léxico (1) El significado principal de una palabra.

Sintaxis (preliminar) El componente de la gramática de una lengua que da cuenta de la estructura de la oración.

Sistema deíctico (1) Sistema gramatical en que toda clasificación se define desde la perspectiva del hablante.

Sujeto (5) Frase nominal que sintácticamente rige la persona y el número del verbo.

Sustantivo (preliminar) Palabra que da nombre a las entidades, que se distinguen por su continuidad en el tiempo y en el espacio.

Tiempo (1) Categoría gramatical que relaciona las situaciones verbales con el tiempo cronológico por medio de un sistema deíctico.

Verbo (preliminar) Palabra que da nombre a las situaciones, cuyo prototipo son las acciones, que varían en el tiempo y en el espacio.

Verbo intransitivo (5) Verbos que nombran situaciones definidas a base de la participación de sólo un participante.

Verbo transitivo (5) Verbos que nombran situaciones definidas a base de la participación de por lo menos dos participantes: el agente y el paciente.

Voz (6) Recurso gramatical utilizado por el hablante para identificar el participante que desempeña el papel sintáctico de sujeto.

Voz activa (6) Construcción gramatical en que el agente de la acción desempeña el papel sintáctico de sujeto.

Voz pasiva (3) Construcción gramatical en que el paciente de una situación transitiva desempeña el papel sintáctico de sujeto.

Indice